직원이 꼭 알아야 하는

30 가지 노무 이야기

유튜버 최대표의 노무 특강

직원이
꼭
알아야 하는

최종국 지음

30가지
노무 이야기

한월북스

차례

1부 | 첫 번째 노무 이야기
사장과 만남

2부 두 번째 노무 이야기
사장과 동행

근로자(노동자)가 챙겨 봐야 할 노무서식 5가지

노동법은 누구를 위한 법인가요?

노동법은 누구를 위한 법인가요? 사업주가 직원을 잘 관리하도록 회사를 위해 만든 법인가요? 혹은 사업주의 억울함을 풀어 주기 위한 법인가요?

노동법은 근로자(노동자)를 위해 만든 법입니다. 근로자(노동자)가 억울한 일을 당하지 않도록 법으로 보호하기 위함입니다. 하지만 그동안 노동법은 근로자(노동자)가 아니라 사업주나 회사 인사·노무 담당자의 전유물처럼 인식되었습니다.

경제 성장과 발전이라는 명분 아래 근로자(노동자)의 권리는 잠시 묻어 두어야 한다고 암묵적으로 인정한 셈이죠. 하지만 이제 더 이상 노무, 노동법은 사업주가 관리하는 영역에 한정되지 않습니다. 근로자(노동자) 스스로가 권리를 찾고 확인하는 시대가 도래했습니다.

이 책을 읽는 모든 근로자(노동자)가 이를 의식하고, 배우고, 적용하여 더 이상 억울하게 피해를 당하는 일이 없었으면 합니다.

"과장님! 회사에 입사하실 때 근로계약서는 잘 작성하셨나요? 각종 수당들은 규정에 맞게 받으시나요?"

"음, 그건 회사에서 알아서 잘 주고 있겠죠. 일하기도 바쁜데 일일이 확인해야 하나요?"

과거 어느 회사 과장님과 나누었던 대화의 일부입니다. 그럼 한참이 지난 현재는 어떤가요? 아직도 노무관리는 근로자(노동자)의 관심사에서 뒷전인가요? 노무에 대한 관심은 더욱 커져서, 이제는 누구도 등한시하거나 대충 처리하면 되는 일로 보지 않습니다. 당연히 앞으로도 근로자(노동자)의 관심사 중에 큰 부분을 차지할 것입니다.

그렇다면 근로자(노동자) 여러분은 어떤 노동법, 노무정보가 가장 궁금하신가요?

퇴직금, 최저임금, 주휴수당, 연차휴가, 근로계약서, 연장근무, 야간근무, 휴일근무 등 어떤 것이 궁금하신가요?

9

현장에서 만난 근로자(노동자)들이 가장 궁금해했던 내용, 또 많은 질문을 받고 상담을 진행했던 사례를 노무 Q&A 형식으로 엮었습니다. 각 Q&A마다 핵심포인트 해설을 수록하여 해당 질문에 대한 답을 한눈에 파악할 수 있도록 하였습니다.

중간중간 간단한 서식과 표를 삽입하여 이해에 도움이 되도록 하였습니다. 더불어 알쏭달쏭한 노동법 OX 퀴즈를 통해, 직원이 꼭 알아야 하는 노동법 8가지를 정리하였습니다. 추가로 근로자(노동자)가 꼭 챙겨 봐야 할 노무서식 5가지를 부록으로 수록했습니다.

노무, 노동법!

근로자(노동자)에게 너무나도 중요한 일임에 틀림없습니다. 당장 회사를 다니다 보니 꼼꼼히 따져 보기가 현실적으로 쉽지는 않습니다. 하지만 막상 퇴사할 시점이 되면 이것저것 확인하고 챙겨야 할 사항이 눈에 띄기 시작합니다.

10여 년간 노무상담과 컨설팅을 하면서 상대적으로 뒷전이던 노무문제에 대한 인식이 계속해서 변화하는 과정을 지켜보았습니다. 회사에서 해고를 당한 직원이 물어볼 곳이 없다며 도움을 요청하는 경우를 수없이 겪었습니다.

앞으로 노무의 중요성은 더욱 커질 것입니다. 근로자(노동자)가 회사에서 주는 대로 받으며 일하던 시대는 끝났습니다. 내 권리는 내가 챙겨야 하는 시대입니다. 권리 위에 잠자는 자는 보호받지 못합니다.

그렇다면 어렵게만 느껴지는 노동법을 쉽게 접하고 적용할 수 있는 방법은 무엇일까요? 저는 2018년 7월, 그동안 고심하고 또 고심하던 유튜브 1인 방송을 시작하기로 마음을 먹었습니다. '과연 내 영상을 시청해 줄 사람이 있을까? 좋아할까?' 등등 많은 고민 끝에 일단 시도해 보자는 마음으로 카메라 앞에 앉았습니다.

물론 수년간 사업주와 근로자(노동자)를 대상으로 교육을 해 오던 터라 강의에 대한 두려움은 없었습니다. 그런데 유튜브는 정해진 공간에서 진행하는 수강생과의 커뮤니케이션이 아닌, 불특정 다수를 향한 혼자만의 외침입니다. 지치지 않고 계속할 수 있을지 걱정도 됐습니다.

처음엔 제 선택을 후회하기도 했지만, 장점인 꾸준함을 살려 지속적으로 해 나갔습니다. 1년여가 흐른 2019년 10월 현재, 유튜브 평가지표라 할 수 있는 구독자 수는 3만 명을 넘었고, 그동안 촬영한 영상도 100편을 넘었습니다. (유튜브 "최대표TV" 참고)

저는 한 걸음 더 나아가 지금까지 촬영한 영상을 책으로 만들어 보고 싶은 마음에 사로잡혔습니다. 생각나는 대로 두서없이 말로 떠들던 내용을 글로 표현하고 정리하기로 마음먹고 쓰기 시작했습니다.

영상으로 설명한 노동법, 노무관리를 이제는 글로 쉽게 풀어서 설명해 보고자 합니다. 기존 노동법 관련 책들은 대부분 노동법률을 그대로 해설하는 법률 설명서에 가깝습니다. 저는 근로자(노동자)가 카페에서 편하게 차 한잔하며 읽어도 쉽게 이해할 수 있는 책을 쓰고 싶었습니다.

사람은 누구나 만남과 헤어짐을 반복하며 살아갑니다. 사업주와 근로자(노동자)도 마찬가지입니다. 근로자(노동자)가 회사에 취직을 하는 사장님과의 만남에서부터 퇴사를 하는 헤어짐까지, 노무는 여타 인간관계와 다르지 않습니다. 사업주와의 만남에서부터 헤어짐까지의 과정 중 가장 핵심적인 "노무 이야기"를 이 책에 담았습니다. 더불어 법률 설명서 같은 딱딱한 느낌의 책이 아닌, 소설 스토리를 읽는 듯한 편안함으로 노동법을 접할 수 있게끔 썼습니다.

그동안 만난 근로자(노동자)들에게 받은 많은 질문 중에 가장 관심이 가고 현장에서 바로 활용 가능한 내용을 쉽게 정리하였습니다. 여러분은 전문가에게 질문을 하고 답변을 듣는다는 느낌으로 책을 읽을 수 있을 것입니다.

첫째, 독자인 근로자(노동자)의 눈높이에서 접근했습니다.

법을 전공한 사람은 극소수입니다. 변호사, 법무사, 행정사, 경영지도사, 세무사, 노무사 등 자격증 취득을 위한 법 공부를 하지 않은 사람은 법률용어 자체를 알기 어렵습니다. 근로자(노동자) 누구든지 쉽게 읽고 이해할 수 있도록 독자의 눈높이에 맞춰 썼습니다.

둘째. 강의하는 느낌으로 내용을 전달하려 했습니다.

법은 딱딱하고 지루한 부분이 많습니다. 이를 강의장에서 수강생들이 이해하기 쉽게 설명하듯 글로 옮겨 보았습니다. 글을 천천히 읽다 보면 여러분은 어느새 그동안 궁금하고 답답하던 내용을 쉽게 이해하게 될 것입니다.

셋째. 모든 주제를 유튜브 영상으로도 볼 수 있습니다.

노동법이 생소한 분이라면 아무리 쉬운 글이라도 이해가 더딜 수 있습니다. 빠른 이해를 돕기 위해 각 주제를 영상으로 만들어 두었습니다. 해당 내용을 읽고 주제별로 첨부한 유튜브 영상까지 시청한다면 이해가 더욱 빠를 것입니다.

넷째. 현장에서 가장 궁금해하는 쟁점사항 위주로 내용을 구성했습니다.

노동법 체계가 아니라 현장에서 상담 시 가장 궁금해하는 내용 위주로 책을 구성했습니다. 노동법 해설서가 아니라, 현장에서 근로자(노동자)가 꼭 알아야 하는 사항이 담긴 책으로 만들었습니다.

기존 책들과 달리 누구나 쉽게 누워서도 읽을 수 있는 노무 책을 만들었다는 생각에 뿌듯합니다. 이 책을 읽는 많은 근로자(노동자)에게 조금이나마 도움이 되었으면 하는 바람입니다.

1부

첫 번째 노무 이야기
사장과 만남

01

입사하려는 회사에서
근로계약서를 안 쓴다는데 어쩌죠?

(「노무 QnA 6번~10번」 유튜브 영상)

2011년부터 2012년 상반기까지 지하철이나 버스에서 많이 본 광고 문구가 있습니다.

"2012년 1월 1일부터는 모든 사업장에서 근로계약서를 서면으로 작성해, 1부는 사업주가 보관하고 1부는 근로자(노동자)에게 교부해야 합니다. 이를 어길 시 최대 500만 원의 벌금이 부과될 수도 있습니다."

2012년 1월 1일부로 사업주는 반드시 근로계약서를 서면으로 작성하여 근로자(노동자)에게 교부해야 합니다. 당시에 각종 언론매체나 지하철, 버스 등에서 이런 안내 문구를 쉽게 접할 수 있었습니다. 그럼에도 불구하고 근로자(노동자)들과 상담 시에 종종 듣는 얘기가 있습니다.

"회사에서 근로계약서를 작성하지 않았습니다."
"근로계약서 작성은 했는데, 교부를 받지 못했습니다."

아직도 근로계약서를 작성하지 않는 사업장이 꽤 있습니다. 근로계약서는 작성을 해도 되고, 하지 않아도 되는 걸까요? 사업장에서 임의로 판단하여 결정하면 될까요?

결론부터 말씀드리면, 근로계약서는 반드시 작성해야 합니다. 앞서 언급했듯 근로계약서는 2012년 1월 1일부터 반드시 서면으로 작성하여, 1부는 사업주가 보관하며 1부는 근로자(노동자)에게 교부해야 합니다. 간혹 2012년 이전에 입사해서 근로계약서 작성을 하지 않았다는 분들이 있습니다. 2012년 이전에는 근로계약서 서면작성이 의무가 아니었습니다. 하지만 서면이 아닌 구두계약도 당연히 효력이 인정되니 근로계약에는 문제가 없습니다.

근로계약서는 사업주와 노무분쟁이 발생했을 때 근로(노동)내용을 증명할 수 있는 가장 중요한 서류입니다. 따라서 근로자(노동자) 입장에서도 사업주에게 반드시 작성을 요구하여야 합니다.

또한 현장에서는 근로계약서 내용과 실제 근로(노동) 사이에 괴리가 발생하기도 합니다. 근로계약서에는 분명히 근로기준법대로 시간을 맞추어 근로(노동)를 한다고 작성했지만, 실제 근로(노동) 시간은 그렇지 않은 사례가 종종 있습니다. 예를 들어 근로(노동) 시간이 서류에는 5시간으로 되어 있지만, 실제로는 7시간을 일하는 경우가 있습니다. 물론 급여는 5시간으로 계산해서 지급됩니다.

이럴 경우 근로자(노동자)는 실제 근무시간의 증거를 반드시 확보해 두셔야 합니다. 예를 들면 근무하는 사진이나 당시 사업주의 업무지시 내용, 근무일지 등입니다. 혹시 노무분쟁이 발생하면 실제 근로(노동)를 증명해야 할 상황이 생길 수 있습니다.

근로계약서는 반드시 서류와 실제 근로(노동)가 일치해야 합니다. 만약 문제가 발생했고 증명할 수 있다면, 실제 근로(노동)내용을 기준으로 처리가 이루어질 가능성이 높습니다.

그리고 특히, 근로자(노동자) 입장에서도 회사에 입사를 하시게 되면 반드시 근로계약서 작성을 사업주에게 요구하여야 합니다. 이를 거부하는 사업주가 있다면 심각하게 입사를 다시 고려해 볼 필요가 있습니다. 간혹 퇴사 시 임금이 체불되어 이를 청구하고자 할 때, 증거로 제출할 서류가 없어서 곤란해하는 근로자(노동자)들을 보곤 합니다. 노동청에 임금체불을 신고한 근로자(노동자)들 중 본인의 근로(노동) 사실을 입증할 수 있는 근로계약서가 없어서 증거를 확보하는 데 시간을 보내고 있는 이들을 자주 볼 수 있습니다.

끝으로 사업주는 작성한 근로계약서를 반드시 근로자(노동자)에게 교부하여야 하며, 이를 증빙해야 합니다. 근로자(노동자)도 반드시 근로계약서를 교부받고 잘 보관해야 합니다. 근로계약서를 작성할 때 별도의 교부 확인 서명란을 만들거나, 교부 확인서 등을 받아 두는 회사도 있습니다. 사업주와 근로자(노동자) 모두에게 근로계약서는 기본 중에 기본이니 반드시 작성해야 합니다.

★ Key Point

근로계약서 작성은 사업주의 책임과 의무입니다. 근로자(노동자)를 1명 이상 고용한 모든 사업주는 반드시 근로계약서를 작성, 교부해야 합니다. 근로계약서 미작성 및 미교부 시 사업주에게 최대 500만 원의 벌금이 부과될 수도 있습니다. 근로자(노동자)는 미작성에 따른 불이익이 없습니다. 다만 노무분쟁 발생 시 증명할 서류가 없으면 곤란할 수 있으니 입사할 때 사업주에게 근로계약서 작성을 요구해야 합니다.

표준근로계약서(기간의 정함이 없는 경우)

_____(이하 "사업주"라 함)과(와) _____(이하 "근로자"라 함)은 다음과 같이 근로계약을 체결한다.

1. 근로개시일 :   년   월   일부터

2. 근 무 장 소 :

3. 업무의 내용 :

4. 소정근로시간 : __시__분부터 __시__분까지 (휴게시간 : 시 분~ 시   분)

5. 근무일/휴일 : 매주 __일(또는 매일단위)근무, 주휴일 매주 __요일

6. 임 금
   - 월(일, 시간)급 : _____원
   - 상여금 : 있음 (   ) _____원, 없음 (   )
   - 기타급여(제수당 등) : 있음 (   ),   없음 (   )
     · _____원, _____원
     · _____원, _____원
   - 임금지급일 : 매월(매주 또는 매일) _____일(휴일의 경우는 전일 지급)
   - 지급방법 : 근로자에게 직접지급(   ),   근로자 명의 예금통장에 입금(   )

7. 연차유급휴가
   - 연차유급휴가는 근로기준법에서 정하는 바에 따라 부여함

8. 사회보험 적용여부(해당란에 체크)
   □ 고용보험 □ 산재보험 □ 국민연금 □ 건강보험

9. 근로계약서 교부
   - 사업주는 근로계약을 체결함과 동시에 본 계약서를 사본하여 근로자의 교부요구와 관계없이 근로자에게 교부함(근로기준법 제17조 이행)

10. 기 타
    - 이 계약에 정함이 없는 사항은 근로기준법령에 의함

년   월   일

(사업주) 사업체명 :   (전화 :   )
        주 소 :
        대 표 자 :   (서명)

(근로자) 주 소 :
        연 락 처 :
        성 명 :   (서명)

02

퇴직금을 월급에 포함하는 계약을 해도 되나요?

(「퇴직금 2가지 핵심포인트」 유튜브 영상)

벼룩시장이나 가로수 등 무가지에는 식당의 구인 광고가 자주 올라옵니다. '식당 직원 구함 월급 200만 원(퇴직금 포함)', 혹은 '월 급 180만 원(퇴직금 별도)' 같은 내용입니다.

여러분이 만약 구직 중이라면 어느 식당으로 가시겠습니까? 저라면 월급 200만 원에 퇴직금 포함이라고 광고를 낸 식당으로 갑니다. 퇴직금이 포함된 월급을 받겠다고 합의한 후 취직을 했어도 원천적으로 무효이기 때문입니다. 계약서나 광고에 월급에 퇴직금이 포함된다고 아무리 명기하였더라도 소용없습니다.

노동법은 강행법입니다. 물론 노동법이 아닌 민법 영역으로 넘어가면 또 다른 쟁점이 생길 수도 있습니다. 예를 들면 근로자(노동자)가 퇴직금 중복 지급을 노리고 의도적으로 퇴직금 미지급에 동의하는 경우입니다. 이럴 때는 부당이득의 반환청구가 성립될 가능성도 있습니다.

과거에는 많은 사업장에서 근로자(노동자) 월급에 퇴직금을 포함하여 지급했습니다. 포괄임금제나 연봉제로 계약하면 전혀 문제가 없다고 생각하는 사업주나 근로자(노동자)도 많습니다. '모두 포함해서 급여를 받았으니 괜찮다'는 인식입니다. 상담을 하다 보면 이런 주장을 하는 사업주를 종종 봅니다. 계약서에 서로 사인하고 그대로 지급했는데 무슨 문제냐는 식입니다.

하지만 당장은 서로 이의제기를 하지 않았을 뿐이기에 문제가 없어 보이는 것입니다. 추후 퇴사하거나 서로 감정의 골이 깊어지면 문제가 발생할 수 있습니다. 그러면 사업주가 책임을 져야 합니다. 물론 근로자(노동자)가 이를 의도적으로 악용한다면, 위에서 말씀드렸듯 부당이득으로 간주되어 반환청구 소송에 휘말릴 수도 있으니 유의하시기 바랍니다.

만약 어떤 직원이 수년간 매달 꼬박꼬박 퇴직금이 포함된 월급을 받고 문제없이 근무하다가, 퇴사할 때 갑자기 퇴직금을 청구했다고 가정해 보겠습니다. 사업주는 퇴직금이 포함된 200만 원을 지급했다고 생각합니다. 하지만 월급 200만 원을 10년간 받은 근로자(노동자)가 퇴사하며 퇴직금을 청구한다면 어림잡아도 2,000만 원은 됩니다. 물론 다툼의 여지는 있겠지만, 만약 근로자(노동자) 주장이 인정되면 사업주는 갑자기 2,000만 원을 지급해야 합니다.

분쟁과 다툼을 방지하기 위해서는 근로자(노동자)도 퇴직금은 급여에 포함할 수 없고 퇴사할 때 별도로 받는다는 사실을 인식해야 합니다. 애초에 입사할 때 퇴직금 규정을 사업주와 협의하여 근로계약서에 명기해 두면 좋습니다. 나중에 무슨 일이 벌어질지는 아무도 모르니, 사전에 대비할 필요가 있습니다.

★ Key Point

월급에 포함해 받은 퇴직금은 원천적으로 무효 처리될 수 있습니다. 퇴사할 때 퇴직금이 포함되었던 월급을 기준으로 새로이 퇴직금을 청구할 수도 있습니다. 물론 근로자(노동자)가 이를 의도적으로 악용한다면 부당이득으로 간주될 수 있으니 유의해야 합니다.

03

근로계약서 외에
회사와 별도로 작성한 서류도 유효한가요?

(「노무QnA 1번~5번」 유튜브 영상)

어느 음식점에 아르바이트를 하려고 찾아온 청년이 있습니다. 음식점 사장님은 청년을 채용하기로 하고 근로계약서를 작성했습니다. 그런데 추가 서류가 한 장이 더 있습니다. 바로 주휴수당 미지급 동의서였습니다. 하루 5시간을 일하지만 주휴수당은 따로 지급할 수 없으니 이에 동의하라는 내용입니다. 이 동의서는 유효할까요?

학원을 운영하는 정 원장님이 있습니다. 운영이 점점 잘되어서 수익이 늘었고 학원 규모도 점점 커졌습니다. 그런데 직원 처우는 개선되지 않았습니다. 본인에게만 돈을 쓰고 사치에만 관심을 보이니 직원들의 불만이 쌓여 갔습니다. 결국 참다못한 직원들이 다 같이 학원을 그만두겠다고 선언했습니다.

직원들은 학원을 그만두면서 퇴직금을 요구했고, 정 원장님은 지급을 거부하였습니다. 퇴직금은 급여에 포함하여 매월 지급하기로 근로계약서에 명시했고, 이에 합의하는 확인서까지 작성했다는 점을 이유로 들었습니다. 매월 급여에 포함하여 이미 지급이 끝났다는 주장입니다.

더불어 근로자(노동자)에게 근로계약서도 교부하지 않은 상황이었습니다. 직원들은 함께 정 원장님을 관할지역 노동청에 신고하였고, 노동청은 정 원장님과 대표직원을 불렀습니다. 당연히 정 원장님은 위에서 언급한 근로계약서를 제시하였습니다.

어떤 결론이 났을까요?

관할지역 노동청은 원장님이 제시한 근로계약서와 확인서를 증거로 근로자(노동자)들이 요구한 퇴직금 전액을 지급하도록 명령했습니다. 정 원장님은 분명히 퇴직금은 월급에 포함해서 지급한다는 근로계약서와 직원들이 서명한 합의서를 근거로 항의했습니

첫 번째 노무 이야기 – 사장과 만남

다. 직원들도 서명을 했으니 당연히 퇴직금을 지급하지 않아도 된다는 주장입니다. 하지만 이는 잘못된 생각입니다.

사업주와 근로자(노동자)의 임의 합의가 노동법을 위반하면 전부 무효입니다. 별도의 임의 서류도 인정되지 않습니다. 퇴직금은 급여에 분할해서 지급하면 안 됩니다. 정 원장님은 노동법을 어겼습니다. 위법한 사항을 근로계약서에 작성하고 상호 합의했으니 문제없다는 생각은 잘못입니다. 위에서 말씀드린 음식점에 취직한 청년의 동의서 역시 인정받을 수 없습니다.

상담을 하다 보면 이런 경우가 종종 있습니다. 근로계약서, 퇴직금, 각종 수당 등을 사업주와 근로자(노동자)가 임의로 합의하곤 합니다. '우리는 4대보험에 가입을 안 하기로 했다거나, 퇴직금을 지급하지 않기로 했다거나, 근로계약서에 이러이러한 내용을 넣어서 서로 지키기로 했다'고 말씀하시는 분들이 자주 질문을 주십니다. 앞에서 언급한 '퇴직금 포함 월 200만 원에 직원을 구합니다' 같은 경우가 대표적입니다.

노동법은 임의법이 아닌 강행법입니다. 따라서 서로 합의를 하고 근로계약서에 명기해 놓았더라도 노동법, 근로기준법, 최저임금법 등에 위반되는 내용이라면 전부 무효처리가 됩니다.

근로계약서, 최저임금, 주휴수당, 퇴직금, 4대보험 등의 규정은 전부 다 강행법입니다. 지키지 않으면 과태료라든가 벌금, 제재조치가 따릅니다. 서로 합의한 부분이라도 노동법에 위반되는 사항이 있다면 무효입니다.

> ★ **Key Point**
>
> 회사와 별도로 작성한 서류가 노동법을 위반한다면 무효입니다. 노동법은 임의법이 아닌 강행법입니다. 노동법에 저촉되는 사업주와 근로자(노동자)의 임의 합의는 전면 무효입니다.

04

포괄임금제로 계약하는데 문제는 없나요?

(「노무QnA 1번~5번」 유튜브 영상)

포괄임금제와 상반되는 개념은 통상임금제입니다. 쉽게 말씀드리면 통상임금제는 기본근무, 연장근무, 야간근무, 주휴일, 휴일근무 등을 각각 계산한 후 이를 합한 급여를 지급하는 방식입니다.

그렇다면 포괄임금제는 무엇일까요?

예를 들어 회사가 직원에게 매월 300만 원을 급여로 지급하기로 했습니다. 그렇다면 300만 원에는 연장근무, 주휴일, 휴일근무, 연차수당 등이 모두 포함됩니다. 각각 계산하지 않고 급여에 전부 포함시켜서 총금액을 계약하는 방식입니다. 포괄임금제 계약은 법적으로 꼭 해야 한다거나, 법으로 보호받는 임금제도는 아닙니다.

예를 들어 과거에 우리식품이라는 회사가 있었다고 가정합니다. 우리식품은 기본근무 외에 연장근무, 야간근무, 휴일근무 등이 굉장히 불규칙하여 매달 정확한 급여를 산정하기가 어려웠습니다. 그래서 우리식품은 직원별로 매월 300~350만 원을 급여로 지급했습니다. 이는 기본급에 각종 수당을 모두 포함한 총급여입니다.

그런데 직원들이 직접 급여를 계산해 보니 실제 근무한 것보다 적다는 의혹이 생겼습니다. 결국 직원들은 "연장근무, 야간근무, 휴일근무 등에 대해 적절한 급여를 받지 못했다."며 법원에 소송을 냈습니다.

사건을 접수한 법원은 회사 상황과 여러 가지 요인을 모두 살펴보았습니다. 그리고 우리식품은 근무형태가 매우 불규칙하기 때문에 매달 정확한 급여를 계산하기가 어렵다는 판단을 내립니다. 실제로 정확히 계산해 보니 매월 지급된 급여는 실제 근무한 것보다 더 많았습니다. 그래서 법원은 우리식품의 포괄임금제 방식을 인정해 주었습니다.

대신 포괄임금제로 계약할 때는 실제 근로자(노동자)가 근무한 연장근무, 야간근무, 휴일근무 등을 포함한 금액 이상을 지급해야

첫 번째 노무 이야기 - 사장과 만남

합니다. 예를 들어 포괄임금제로 월급 300만 원을 주기로 했습니다. 그런데 연장근무, 야간근무 등을 포함해 근로자(노동자)가 실제 근무한 시간을 계산하면 400~500만 원가량이 나옵니다. 이런 경우 애초 계약대로 300만 원만 지급한다면 당연히 문제가 될 수 있습니다.

최근 대법원 판례는 '근무 형태가 복잡한 회사는 이런 방식도 가능은 하다'입니다. 그래서 대부분 사업장이 그렇게 하고 있습니다. 여기서 반드시 아셔야 할 점은, 위에서 말씀드린 대로 포괄임금제로 계약을 했더라도 실제로 근무한 시간을 계산한 급여보다 적게 지급하면 안 된다는 사실입니다.

"우린 포괄임금제로 계약했으니 300만 원만 받으면 된다."라는 말은 틀렸습니다. 연장근무나 야간근무 때문에 약속한 급여 이상의 추가근무가 발생하면 당연히 별도로 계산해서 받을 수 있습니다.

★ Key Point

  포괄임금제는 근로자(노동자)가 받아야 할 총급여를 책정한 후, 이를 역산하는 임금설계 방식으로 위법은 아닙니다. 다만 근로자(노동자)의 임금이 실제 근로(노동)에 비해 적게 지급된다면 포괄임금제는 위법한 계약이 될 수 있습니다.

첫 번째 노무 이야기 – 사장과 만남

포괄임금제에 대한 대법원 판례

[대법원 2016. 10. 13. 선고 2016도1060 판결]

<판결요지>

기본임금을 미리 산정하지 아니한 채 제 수당을 합한 금액을 월급여액이나 일당임금으로 정하거나 매월 일정액을 제 수당으로 지급하는 내용의 포괄임금제에 관한 약정이 성립하였는지는 근로시간, 근로형태와 업무의 성질, 임금 산정의 단위, 단체협약과 취업규칙의 내용, 동종 사업장의 실태 등 여러 사정을 전체적·종합적으로 고려하여 구체적으로 판단하여야 한다.

이때 단체협약이나 취업규칙 및 근로계약서에 포괄임금약정이 성립하였다고 인정하기 위해서는, 근로형태의 특수성으로 인하여 실제 근로시간을 정확하게 산정하는 것이 곤란하거나 일정한 연장·야간·휴일근로가 예상되는 경우 등 실질적인 필요성이 인정될 뿐 아니라, 근로시간, 정하여진 임금의 형태나 수준 등 제반 사정에 비추어 사용자와 근로자 사이에 정액의 월급여액이나 일당임금 외에 추가로 어떠한 수당도 지급하지 않기로 하거나 특정한 수당을 지급하지 않기로 하는 합의가 있었다고 객관적으로 인정되는 경우이어야 한다.

05

정규직과 계약직 근로자(노동자)의
차이가 무엇인가요?

(「근로자? 상시근로자? 상시근로자 수?」 유튜브 영상)

유튜브 최대표TV 영상을 보고 상담을 의뢰하신 분이 있습니다. 다 죽어 가는 목소리로 사정을 털어놓기 시작했습니다. 일식집에서 1년 6개월간 주방보조 일을 하셨다고 합니다. 그러다 최근에 집

안 사정으로 일을 그만두었는데, 퇴사하면서 문제가 생겼습니다.

1년 넘게 일했으니 당연히 퇴직금을 받을 수 있다고 생각하고, 사장에게 요청했다고 합니다. 그런데 사장의 답변은 "1년이 넘게 일을 했지만, 정규직이 아닌 계약직이며 4대보험도 가입하지 않았기 때문에 퇴직금을 지급할 수 없다."였습니다.

정규직은 근무기간의 정함이 없는 근로자(노동자)를 말합니다. 특별한 사정이 없는 한 정년까지 고용이 보장됩니다.

반면 계약직 근로자(노동자)는 계약기간이 만료되면 근로관계가 자동으로 끝납니다. 근로관계의 자동 종료는 근로계약 기간 만료나 근로자(노동자) 사망, 정년 도달 등을 뜻합니다.

그런데 간혹 정규직은 4대보험에 가입한 직원이고, 계약직은 4대보험에 가입하지 않은 직원이라고 착각하시는 분들이 있습니다. 4대보험 가입 여부는 정규직과 계약직 근로자(노동자)를 구분하는 기준이 아닙니다. 그리고 정규직은 퇴직금이나 연차유급휴가 등을 받지만, 계약직은 받지 못한다고 생각하기도 합니다. 분명히 말씀드리지만, 정규직과 계약직은 임금, 상여금, 근로조건, 복리후생 등에 불합리한 차별이 있으면 안 됩니다.

위에서 언급한 일식집 주방보조 직원도 당연히 퇴직금을 받을 수 있습니다. 혹시 연차휴가수당 등을 받지 못했다면 추가로 청구할 수도 있습니다.

★ Key Point

정규직과 계약직 근로자(노동자)는 근로(노동)기간의 정함이 있느냐 없느냐로 구분합니다. 이 외에 다른 어떠한 차별도 없어야 합니다.

06

입사할 때 상시근로자 5인 미만 사업장인지
왜 확인해야 하나요?

(「상시근로자(노동자) 5인 미만 사업장 근로기준법 적용」 유튜브 영상)

상시근로자 5인.

이는 굉장히 많은 사항을 가르는 기준입니다. 근로기준법은 기본적으로 상시근로자 5인 미만 사업장에는 적용되지 않습니다. 다만 몇 가지 반드시 적용되는 사항이 있을 뿐입니다. 소상공인 사업장의 근로자(노동자)라면 반드시 상시근로자가 몇 명인지를 확인하셔야 합니다.

참고로 상시근로자 수 계산방법은 1개월 동안 동원된 총근로자(노동자) ÷ 1개월 동안 사업일수입니다. 다만 1일 근로자(노동자) 수가 5명 이상인 날이 50%를 넘으면 계산상 상시근로자가 5인 미만이더라도, 상시근로자 5인 이상 사업장으로 간주됩니다.

상시근로자 5인 미만의 사업장에서 근로기준법 적용이 제외되는 사항입니다.
- 근로자(노동자)의 해고 제한, 해고 서면통지
- 부당해고 등의 구제신청
- 휴업수당
- 법정근로시간 제한이 없음
- 연장, 야간, 휴일 근로 수당을 지급하지 않음
- 연차유급휴가를 부여하지 않음
- 생리휴가를 부여하지 않음

상시근로자 5인 미만의 사업장에서도 근로기준법 적용이 되는 사항입니다.
- 해고 예고는 30일 전에 하거나 해고 예고수당 지급
- 주 15시간 이상 근로자(노동자)에게 주휴수당 지급
- 2013년부터는 계속근로 1년 이상인 근로자(노동자)에게 퇴직

금 지급

  - 최저임금 이상 보장

★ **Key Point**

근로기준법은 기본적으로 상시근로자 5인 미만 사업장에는 적용되지 않습니다. 다만 예외적으로 적용되는 사항이 있으니, 이 부분을 유념하시기 바랍니다. 만약 상시근로자 5인 미만 사업장에 입사한다면 5인 이상 사업장에 비해 상대적인 불이익을 받을 수 있습니다.

근로계약서 작성은 사업주의 책임과 의무입니다.

근로자(노동자)를 1명 이상 고용한 모든 사업주는

반드시 근로계약서를 작성, 교부해야 합니다.

2부

두 번째 노무 이야기
사장과 동행

07

아르바이트도 최저임금을 받을 수 있나요?

(「청소년, 알바 노동법 노무규정 근로기준」 유튜브 영상)

여름방학, 겨울방학에는 많은 사업장에서 아르바이트를 채용합니다. 청소년 아르바이트생을 상습적으로 고용하는 사업장이 많습니다. 주로 편의점, 당구장, 식당, 노래방, 카페 등이죠. 이런 사업장에서 일하는 아르바이트생은 근로(노동) 개념을 명확히 알고 계시면 좋을 듯합니다.

사업주나 근로자(노동자)가 흔히 착각하는 부분이 있습니다. 아르바이트생은 정규직으로 채용해서 4대보험도 가입하고, 급여도 정상 지급해야 하는 근로자(노동자)가 아니라고 생각합니다. 근로자(노동자)에는 정규직, 계약직, 파견직, 외국인 근로자(노동자) 등 다양한 형태가 있습니다.

근로자(노동자)인지 아닌지를 구분 짓는 핵심 내용은 사업주의 지휘감독 여부입니다. 다시 말해 사업주와 사용종속 관계인지 아닌지가 중요합니다. 사용종속 관계를 판단하는 구체적인 기준은 정해진 시간에 출퇴근 여부, 고정급여의 지급 여부, 사업주의 업무지시 여부, 회사 비품 등의 소유 여부 등입니다.

4대보험 가입 여부, 근로계약서 작성 여부, 근로(노동)기간 등은 핵심 요소가 아닙니다. 사업주에게 지휘감독을 받는 사용종속 관계의 직원은 모두가 근로자(노동자)입니다. 아르바이트도 당연히 최저임금 이상의 급여를 받아야 합니다. 더불어 1주 15시간 이상, 계속근로 1년 이상이라면 퇴직금도 받을 수 있습니다.

최저임금은 시급으로 2019년 8,350원, 2020년 8,590원입니다. 1주 15시간 이상 근무하는 근로자(노동자)라면 추가로 주휴수당도 받을 수 있습니다. 사업주와 근로자(노동자)가 최저임금이나 주휴수당을 별도로 합의하였더라도 법에 위반되면 무효이며 반드시 법에서 정한 기준에 맞게 지급해야 합니다.

※ 사업장 부착용 최저임금 스티커

<자료 출처> 최저임금위원회 홈페이지

http://www.minimumwage.go.kr

★ **Key Point**

아르바이트도 근로자(노동자)입니다. 모든 근로자(노동자)는 반드시 최저임금 이상의 급여를 받아야 합니다. 사업주가 이를 위반할 시 3년 이하의 징역 또는 2,000만 원 이하의 벌금이 부과될 수 있습니다.

08

수습기간에는 최저임금의 90%만 받나요?

(「수습기간의 최저임금 지급기준에 대하여」 유튜브 영상)

　　수습기간의 최저임금 적용은 두 가지로 정리됩니다. 최저임금의 90%만 받아도 무방한 경우와 100%를 다 받아야 하는 경우입니다.

　　우선 첫 번째, 수습기간에 최저임금의 90%까지만 받아도 무방한 경우입니다.

(1) 1년 이상 혹은 계약기간이 없이 계약을 한 근로자(노동자)가 해당됩니다.

(2) 수습기간인데 3개월 이내면 90%를 받아도 무방합니다.

(3) 단순노무직이 아니어야 합니다.

두 번째, 수습기간에도 최저임금의 100% 이상을 받아야 하는 경우입니다.

(1) 1년 미만의 계약기간을 정한 근로자(노동자)가 해당됩니다.

(2) 수습기간이 없거나, 수습기간을 마쳤거나, 3개월을 넘긴 근로자(노동자)도 해당됩니다.

(3) 단순노무직이라면 최저임금의 100% 이상을 받아야 합니다.

주요 핵심 사항은 이것입니다. 단순노무직 근로자(노동자)는 수습기간에도 최저임금의 100% 이상을 받아야 합니다.

그러면 어떤 업종이 단순노무직일까요?

단순노무직은 한국표준 직업분류에서 정한 숙련된 기술을 요하지 않고 잠깐의 교육으로 금방 일을 할 수 있는 직종입니다. 아파트나 건물관리, PC방, 미용실, 슈퍼마켓, 편의점, 패스트푸드점, 커피전문점, 주유소, 음식점, 물류창고 등 주변에서 흔히 볼 수 있는 아르바이트생들이 일하는 업종이 주로 해당됩니다.

이러한 업종에서 일하는 단순노무직 근로자(노동자)는 3개월 이내의 수습기간이더라도 최저임금의 90%를 주면 안 됩니다. 반드시 최저임금의 100% 이상을 받아야 함을 유념하시기 바랍니다. 해당 내용을 포함한 근로기준법이 2018년 3월 20일에 변경됐기 때문에, 그 이후에 입사하는 분들은 적용 대상입니다.

> ## ★ Key Point
>
> 사업주는 수습기간인 근로자에게 최대 3개월까지 최저임금의 90%를 지급할 수 있습니다. 다만 한국표준 직업분류상 단순노무직은 수습기간에도 최저임금의 100%를 지급해야 합니다.

09

주휴수당은 무조건 받을 수 있나요?

(「주휴수당 완벽정리!! 꼭 기억할 2가지!!」 유튜브 영상)

2020년 최저임금이 시급 8,590원으로 결정되었습니다. 최저임금을 얘기하다 보면 반드시 따라오는 개념이 바로 주휴수당입니다.

근로관계에는 누가 뭐래도 지켜야 하고, 매번 이슈가 되는 몇 가지 개념이 있습니다. 기본 중에 기본이기 때문에 사업주가 이를 어기면 처벌과 제재조치가 반드시 뒤따릅니다. 주휴수당도 여기에 해당됩니다.

근로기준법 제55조에 따르면 사용자는 일주일 동안 소정의 근로(노동)일수를 개근한 근로자(노동자)에게 일주일에 평균 1회 이상의 유급휴일을 주어야 하며, 이를 주휴일이라 합니다. 주휴일에 하루 치 임금을 별도 산정하여 지급해야 하는 것이 바로 주휴수당입니다. 주휴일은 일주일에 15시간 이상 근로(노동)하는 모든 근로자(노동자)가 적용 대상입니다.

주휴수당은 모든 근로자(노동자)가 받을 수는 없습니다. 1주에 15시간 이상 근로(노동)를 하고, 다음 주에도 근로(노동)를 하기로 예정된, 일주일간 결근하지 않고 개근을 한, 근로자(노동자)가 받습니다.

또 하나 주의해야 할 내용이 있습니다. 하루 치 임금을 별도로 산정하여 주휴일에 지급한다는 말은 무조건 하루 8시간을 기준으로 책정한다는 이야기가 아닙니다. 각 근로자(노동자)의 하루 치에 해당하는 임금을 산정하여 지급한다는 의미입니다.

예를 들어, 하루에 5시간씩 5일을 일하는 근로자(노동자)라면 8시간이 아닌 5시간 분량의 급여를 주휴수당으로 받습니다.

　　월요일부터 금요일까지 근로(노동)시간은 5, 5, 6, 7, 7
시간이라고 가정합니다. 이 직원에게는 주휴시간을 몇 시간
지급할까요?

(답)

　　일주일간 근로(노동)시간을 합하면 30시간입니다. 그리고 1
일 평균 근무시간인 6시간이 주휴시간입니다.

　　그러므로 직원에게 일주일간의 근로(노동)시간인 30시간이
아니라, 주휴시간을 합한 36시간의 임금을 지급해야 합니다.

　　최저임금과 더불어 주휴수당은 사업장에서 반드시 지켜야 하는
노동법 중 하나입니다. 사업주와 근로자(노동자) 간에 분쟁이 빈번
하게 발생하는 사항이기도 합니다. 근로자(노동자)들의 각별한 주
의가 필요합니다.

★ Key Point

　최저임금과 단짝처럼 붙어 다니는 것이 바로 주휴수당입니다. 주휴수당은 1주에 15시간 이상 근로(노동)하는 직원에게 지급합니다. 해당 사업장의 상시근로자 수와는 무관하며 개인별로 대상자가 나뉩니다.

10

청소년도 노동법이 동일하게 적용되나요?

(「청소년, 알바 노동법 노무규정 근로기준」 유튜브 영상)

　　근로기준법상 청소년은 만 15세에서 만 18세까지입니다. 방학에는 많은 청소년, 학생들이 아르바이트를 합니다. 노동법에는 일반 근로자(노동자)와 동일한 규정도 있고, 청소년에게만 다르게 적용되는 규정도 있습니다. 여기서는 청소년에게만 특별히 적용되는 규정을 살펴보겠습니다.

첫째, 청소년 고용 금지 업소가 있습니다.
청소년은 아래 업종에서 근로(노동)를 하면 안 됩니다.

※ 청소년 고용 금지 업소

위험 유해 업종(갱내, 소각, 도살 등), 숙박업, 이용업, 목욕장(안마실 설치, 개별실 구획 영업), 청소년 게임 제공업, 인터넷 컴퓨터 게임시설 제공업(PC방), 만화대여업, 노래방, 유독물 제조·판매·보관·저장·운반·사용업, 주류의 조리 및 판매를 목적으로 하는 음식점(호프집, 소주방), 비디오물 소극장업(DVD방, 비디오방) 등

둘째, 취직관계 서류를 준비해야 합니다.
만 18세 미만의 연소 근로자(노동자)는 부모동의서와 가족관계 증명서를 사업장에 제출하고, 사업주는 이를 사업장에 보관해야 합니다.

셋째, 소정근로 시간을 확인해야 합니다.
성인 근로자(노동자)는 소정근로 시간의 기준이 1일 8시간, 1주 40시간입니다. 반면 청소년 근로자(노동자)는 1일 7시간, 1주 35시간이며 반드시 준수해야 합니다. 다만 청소년이 동의한다면 1주에 5시간까지 연장근무를 할 수 있습니다.

넷째, 야간 및 휴일근로 금지입니다.

야간근로 및 휴일근로는 원칙적으로 금지입니다. 다만 청소년 본인의 동의와 고용노동부 장관의 인가가 있다면 예외적으로 가능합니다.

★ Key Point

만 18세 미만의 청소년은 고용 금지 업소에서 근로(노동)를 할 수 없습니다. 그 외의 사업장에 취업하려면 친권자동의서와 가족관계증명서를 제출해야 합니다. 소정근로 시간은 1일 7시간, 1주 35시간을 준수하며 본인이 동의하면 5시간까지 연장근무를 할 수 있습니다. 야간 및 휴일근로는 금지되나 고용노동부 장관의 인가가 있으면 가능합니다.

11

식비는 무조건 추가로 받는 것 아닌가요?

(「노무QnA 11번~15번」 유튜브 영상)

음식점에서 일하는 직원의 전화를 받은 적이 있습니다. 식비를 포함해서 180만 원의 월급을 받았습니다. 사업주는 식비를 포함한 금액이 최저임금 이상이니 법 위반은 아니라고 주장합니다. 당연히 식비도 사업주가 지급하는 임금이니까 최저임금에 포함해야 한다는 말입니다. 사업주의 주장이 상식적으로 틀린 말은 아니지만, 법적으로는 따져 봐야 할 문제입니다.

일반적으로 회사는 점심식사를 제공하거나 식비를 현금으로 지급합니다. 그런데 식사 제공이나 식비 지급은 의무 사항이 아닙니다. 근로자(노동자)가 많이들 착각하시는 부분입니다. 근로기준법에는 식사 제공이나 식비 지급에 관한 규정이 없습니다. 물론 회사의 내규나 규정에 따라 식비를 제공하기도 합니다. 하지만 법적 의무 사항은 아니기 때문에 식비를 지급하지 않아도 문제가 되지는 않습니다.

그리고 한 가지 아셔야 할 부분이 있습니다. 원래 식비나 교통비 같은 복리후생비용은 최저임금에 포함되지 않았습니다. 최저임금과는 별개였죠. 만약 사업주가 식비를 지급해 줬다면 최저임금과는 별도로 챙겨 준 것이라고 생각해야 합니다. 그런데 이 부분을 많은 사업주가 착각합니다. 예를 들어 한 달에 식비 10만 원을 줬으니 이를 포함한 금액이 최저임금 이상이면 문제가 없을까요? 그렇지 않습니다.

단지 2019년부터는 최저임금 산입범위가 변경되었습니다. 정기상여금과 복리후생비 규정이 바뀌었습니다. 식비는 복리후생비로 들어가기 때문에 일부가 최저임금 계산 시에 포함됩니다. 최저시급 월 환산액의 7%(2019년 기준)를 초과하는 금액부터는 식비도 최저임금에 산입하게끔 바뀌었습니다.

예를 들어 설명해 드리겠습니다. 올해 최저시급 월 환산액은 1,745,150원이고 7%는 122,160원입니다. 매월 받는 식비 중에 122,160원을 초과하는 금액은 최저임금에 산입합니다. 작년까지 식비는 금액에 관계없이 최저임금과 별도로 지급해야 했습니다. 하지만 2019년부터는 7%인 122,160원까지만 별도의 식비로 인정되고 그 이상은 최저임금에 포함됩니다.

그리고 그 비율은 2020년 5%, 2021년 3%, 2022년 2%, 2023년 1%, 2024년 0%까지 줄어듭니다. 결국 2024년부터 식비는 최저임금에 전부 산입됩니다. 그래서 2024년 이후에는 식비도 본인의 최저임금에 포함된다고 생각하시면 됩니다. 다만 2024년 이전에는 식비를 받더라도 산입 비율 이하의 금액은 최저임금과 별도임을 기억하시기 바랍니다.

★ Key Point

식비는 규정상 지급 의무가 없습니다. 다만 2019년부터는 최저임금을 계산할 때 식비의 일부를 포함시킬 수 있도록 바뀌었습니다. 매년 산입 범위가 늘어나서 2024년부터 식비 전체가 최저임금에 포함됩니다.

12

4대보험 미가입 사업장인데 사고 나면 어쩌죠?

(「노무관리 2가지 포인트(주 15시간 이상, 근로자 5인 이상)」 유튜브 영상)

수년 전만 해도 노무의 최대 이슈는 4대보험이 아니었습니다. 근로계약서, 최저임금, 주휴수당, 퇴직금 등의 노무규정이 주된 이슈였습니다. 매년 변경되는 노무규정만으로도 충분히 많은 이슈가 생겼으니까요. 하지만 2018년부터 출퇴근 중 발생한 사고도 업무상 재해 즉, 산재로 인정되면서 4대보험이 주요한 노무이슈로 떠올랐습니다. 사업장 규모가 작을수록 4대보험에 가입하지 않는 경우가 많고, 가입했더라도 정규직이라 불리는 몇몇 직원만 가입을 해주는 경향 때문입니다.

4대보험에 가입하지 않으면 사업주는 정부의 각종 세액공제나 지원금 같은 혜택을 전혀 받을 수 없습니다. 근로자(노동자)도 마찬가지로 본인에게 주어지는 혜택을 받을 수 없습니다. 이제는 많이들 알고 있는 일자리안정자금, 두루누리 사회보험료 지원, 청년추가고용장려금, 청년내일채움공제, 시간선택제, 신중년적합직무지원 등 수십 가지 지원혜택에서 제외됩니다.

저도 수년 전까지는 상담할 때 다른 노무규정들을 많이 이야기했습니다. 하지만 최근에는 4대보험 관련 상담이 부쩍 늘었습니다. 특히 4대보험에 가입하지 않은 소상공인 사업주들이 마치 세금처럼 느껴진다며 비용 부담을 호소하는 경우가 많습니다. 4대보험은 사업주에게 모든 책임이 있습니다. 그래서 사업주는 더욱 4대보험에 많은 관심을 가질 필요가 있고, 근로자(노동자)는 당당히 4대보험 가입을 요구해야 합니다.

앞으로 4대보험은 계속해서 이슈가 될 것이고, 사업주과 근로자(노동자)가 반드시 알아야 할 내용이기에 가입기준을 알아보겠습니다. 흔히 사회보험보다는 4대보험이라는 용어를 많이 씁니다. 그래서 어떤 분들은 4대보험이라는 상품이 별도로 존재한다고 생각하기도 합니다. 종신보험, 암보험, 상해보험 같은 민간 보험 상품이라고 생각하는 것이죠.

4대보험은 산재보험, 고용보험, 국민건강보험, 국민연금 4가지의 사회보험을 뜻합니다. 정식 용어는 사회보험입니다. 국가에서 관리하는 공적 보험이라는 말입니다. 그럼 4대보험에는 어떤 사람들이 가입해야 할까요?

전체를 기준으로 말씀드리면 4대보험은 정규직이건, 아르바이트생이건, 일주일에 15시간 이상 근로(노동)를 하는 모든 근로자(노동자)가 가입해야 합니다. 물론 보험료는 사업주와 근로자(노동자)가 함께 부담합니다. 다만 납부의 책임은 사업주가 모두 집니다. 급여를 지급할 때 사업주가 공제를 하기 때문입니다. 근로자(노동자)는 4대보험료가 공제된 급여를 받습니다.

그런데 구체적으로 살펴보면 각 보험마다 가입기준이 조금씩 다릅니다. 4대보험 중에 우리가 관심을 가져야 할 부분은 산재보험과 고용보험입니다.

첫째, 산재보험입니다. 4대보험은 일주일에 15시간 이상 근무하는 모든 근로자(노동자)를 사업주가 책임지고 가입시켜야 한다고 말씀드렸습니다, 그런데 산재보험은 근무시간이 일주일에 15시간이 되지 않더라도 모두 가입해야 합니다. 설령 가입하지 않았더라도 업무상 재해가 발생하여 산재사고로 인정되면 보상받을 수 있습니다.

그러니까 가입여부와 관계없이 업무상 재해로 인정되면 보상받을 수 있습니다. 사업주가 100%의 책임을 집니다. 보험료 또한 사업주가 100% 책임집니다. 이를 사업주의 무과실 책임이라고 합니다. 과실이 전혀 없지만 책임은 100%라는 뜻입니다. 근로자(노동자)는 산재보험에 책임이 전혀 없습니다.

둘째, 고용보험입니다. 고용보험료는 두 가지로 구분됩니다. 실업급여(구직급여)와 고용안정사업(직업능력개발)입니다. 쉽게 말씀드리면 고용보험에 가입해야 퇴사할 때 실업급여(구직급여)를 신청할 수 있고, 재직자를 위한 교육비 혜택도 받을 수 있습니다. 또한 사업주는 고용안정장려금 즉, 정부 지원금을 신청할 수 있습니다.

고용보험에 가입하지 않은 사업장은 일자리안정자금 같은 각종 정부 지원금을 신청할 수 없습니다. 근로자(노동자)는 실업급여(구직급여)를 받지 못합니다. 그래서 고용보험에 반드시 가입하셔야 하는데 가입기준에 약간 특이한 점이 있습니다. 고용보험은 3개월 이상 근무를 했다면 1주 근로(노동)시간이 15시간 미만인 근로자(노동자)도 의무 가입대상입니다.

셋째, 국민건강보험은 국민의 질병 및 부상의 예방, 진단, 치료, 재활과 출산, 사망 및 건강검진에 대비하는 보험입니다. 국민보건 향상과 사회보장 증진이 목적입니다. 전 국민이 모두 강제로 가입해야 하고 적극적이고 포괄적인 의료보장, 보험료와 급여의 소득 재분배 기능, 단기보험이라는 특징이 있습니다.

넷째, 국민연금은 국민의 노령, 장애 또는 사망에 대비하는 공적 연금입니다. 국민의 생활 안정과 복지 증진에 이바지합니다. 특징은 국민의 노후 소득보장, 퇴직금제도의 문제점 개선, 소득 재분배,

연금액의 실질가치 보장, 장기보험이라는 점입니다.

다시 한번 정리하자면 4대보험은 1주에 15시간 이상 일하는 근로자(노동자)라면 모두 의무 가입대상입니다. 추가로 산재보험은 근로시간이 1주에 15시간 미만이더라도 가입해야 하며, 가입하지 않더라도 산재사고로 인정되면 무조건 보상이 나옵니다. 고용보험은 근로시간이 1주에 15시간 미만이더라도 3개월 이상 근무한 근로자(노동자)라면 가입해야 합니다.

★ Key Point

사회보험은 산재보험, 고용보험, 국민건강보험, 국민연금 4가지입니다. 이를 흔히 4대보험이라고 합니다. 산재보험은 모든 근로자(노동자)가 가입대상입니다. 고용보험은 1주 근로(노동)시간이 15시간 이상인 근로자(노동자), 그리고 근로(노동)기간이 3개월 이상인 모든 근로자(노동자)가 가입대상입니다. 국민건강보험과 국민연금은 1주 근로(노동)시간이 15시간 이상인 근로자(노동자)가 가입대상입니다.

13

점심식사 후 바로 일하는데 휴게시간인가요?

(「노무QnA 6번~10번」 유튜브 영상)

근로자(노동자)들과 상담할 때 꼭 빠지지 않는 질문이 있습니다.

"저는 식당에서 일하는데 휴식시간이 없습니다. 점심도 손님이 뜸한 시간에 식당 구석에서 허겁지겁 먹기 일쑤고요. 그나마 손님이 오면 제대로 다 먹지도 못합니다. 그런데 사장님은 화장실 가는 시간, 잠깐씩 손님이 없을 때 앉아서 쉬는 시간 등을 모두 휴게시간이라고 합니다. 정말 그런가요?"

어떻게 생각하십니까? 정말 점심시간이나 잠깐씩 쉬는 시간이 휴게시간일까요?

휴게시간에는 사업주의 지휘감독에서 완전히 벗어납니다. 음식점을 예로 들면 서빙이나 청소 같은 업무 지시에서 완전히 자유로워지는 시간입니다. 아예 별도의 공간에서 따로 휴식을 취해야 온전히 사업주의 지휘감독에서 벗어난 휴게시간으로 인정받을 수 있습니다.

노동법에 따라 4시간당 30분의 휴게시간이 보장됩니다. 따라서 오전 9시부터 오후 6시까지 일하는 근로자(노동자)에게는 보통 오후 12시부터 1시까지 1시간의 휴게시간이 주어집니다. 그럼 대부분 점심식사를 하는 이 시간을 휴게시간으로 볼 수 있을까요?

노동법에는 점심시간이라는 용어가 없습니다. 휴게시간만 존재하지요. 결국 1시간의 휴게시간 동안 근로자(노동자)가 점심을 먹는 셈입니다. 그 시간에 밥을 먹든 안 먹든, 나가서 놀든 은행을 다녀오든 각자의 자유입니다.

사업주의 지휘감독을 전혀 받지 않는 시간이기 때문에 "점심시간이 휴게시간입니까?"라는 질문은 틀렸습니다. 점심식사 여부와 관계없이 휴게시간에는 사업주의 지휘감독에서 완전히 벗어나 별도의 공간에서 휴식을 취할 수 있어야 합니다.

요즘은 아예 브레이크 타임을 운영하는 음식점도 많습니다. 물론 브레이크 타임을 모두 휴게시간으로 볼 수는 없습니다. 사업주의 지휘감독에서 벗어나야 진짜 휴게시간입니다. 휴게시간에는 급여가 지급되지 않습니다. 지휘감독을 받지 않고 쉬는 시간이기 때문에 대가가 지급되지 않는다고 이해하시면 됩니다.

★ **Key Point**

'점심시간'이라는 용어는 노동법에 없고, '휴게시간'이 있습니다. 휴게시간에 점심을 먹는 것이지요. 휴게시간에는 사업주의 지휘감독에서 완전히 분리됩니다. 근로(노동) 4시간당 30분, 8시간당 1시간의 휴게시간이 보장됩니다.

14

연장근무 수당, 제대로 받고 있나요?

(「연장근무에 대하여」 유튜브 영상)

연장근무 수당은 상시근로자 5인 이상 사업장에 해당됩니다. 1
일 8시간 이상, 혹은 일주일에 40시간 이상 일을 하면 연장근무로
인정하여 가산수당을 50% 더 받습니다.

시급을 1,000원이라고 가정한다면, 하루에 8시간을 넘어가는 근무시간에는 1,000원이 아니라 1,500원을 지급합니다. 8시간을 넘어가는 근로(노동)는 연장근무로 인정되며 50%를 가산해서 주어야 합니다.

또한 일주일 근무시간 합계가 40시간을 넘지 않더라도 하루에 8시간 이상 근무하면 연장수당을 받습니다. 예를 들어 일주일간 근로(노동)시간이 30시간이라고 가정을 하겠습니다. 이를 하루씩 살펴보면 8시간 이상이거나 미만인 날이 있을 수 있습니다. 일주일 근무시간이 40시간을 넘지 않더라도 하루에 10시간을 일했다면 8시간을 초과하는 2시간에 50%의 가산수당을 받을 수 있습니다.

연장근무 수당 계산 사례

월요일 5시간, 화요일 5시간, 수요일 5시간, 목요일 10시간, 금요일 10시간 일주일간 총 5일을 일합니다. 연장근무 시간은 몇 시간인가요?

(답)

일주일 총근무시간은 35시간이므로 주 40시간 이상은 아닙니다. 하지만 목요일과 금요일에 8시간을 초과하여 2시간씩 연장근무를 했습니다. 이 4시간에는 연장근무 수당이 적용되서 50% 가산된 임금을 받을 수 있습니다.

★ Key Point

연장근무 수당은 상시근로자 5인 이상의 사업장에만 해당됩니다. 하루에 8시간 이상, 혹은 일주일에 40시간 이상 근로(노동)한다면 연장근무 시간에 50%의 가산수당을 받을 수 있습니다.

15

야간근무 시 당직수당을 받는데 맞는 건가요?

(「일직근무, 숙직근무와 연장근무, 야간근무」 유튜브 영상)

한국병원에 근무하는 안 간호사는 항상 아침 9시에 출근해서 저녁 7시에 퇴근합니다. 대한고등학교에 근무하는 김 선생님은 어느 날 평소와 달리 아침 8시에 출근하고 밤 12시에 퇴근했습니다. 저녁 시간 이후 학교에 남아 경비원과 함께 안전관리 업무를 수행하였기 때문입니다. 안 간호사와 김 선생님은 연장근무를 했을까요? 당직근무를 했을까요? 결론부터 말씀드리면 안 간호사는 연장근무를, 김 선생님은 당직근무를 했습니다. 그럼 연장근무와 당직근무는 어떻게 구분할까요?

연장근무와 당직근무는 헷갈리기 쉽습니다. 정확히 구분하지 못하면 사업주와 근로자(노동자) 간의 오해로 임금이 체불되거나 과지급될 수도 있습니다.

연장근무는 앞서 설명해 드렸듯이 통상임금의 50%를 추가수당으로 받습니다. 그런데 당직근무는 50%의 가산수당이 아니라, 회사에서 정한 별도의 당직수당이 나옵니다. 여기에 큰 차이가 있습니다. 그래서 본인의 근무 형태가 연장근무인지 당직근무인지를 명확히 구분해야 합니다.

연장근무는 근로자(노동자)가 원래 하던 일이 계속 이어짐을 뜻합니다. 병원의 간호사가 밤에 남아서 환자 간호를 계속한다면 연장근무입니다. 반면 근로자(노동자)의 원래 업무가 아닌 다른 일을 한다면 당직근무입니다. 예를 들어 학교 선생님이 밤에 남아 경비업무를 하거나 기타 시설물 관리를 한다면 당직근무입니다. 연장근무와는 명백히 다릅니다.

마지막으로 정리하자면 연장근무는 근로자(노동자)가 원래 하던 일을 밤 또는 주말에 근무시간을 초과해서 계속하는 것입니다.

연장근무는 50%의 가산수당을 받습니다.

당직근무는 근로자(노동자)가 하던 일이 아닌 다른 업무를 일시적으로 맡아서 하는 것입니다. 당직근무는 회사에서 별도로 정한 수당을 받습니다. 당직수당은 소득세법 제12조에 근거해 비과세 항목에도 들어갑니다. 그래서 20만 원까지는 비과세 혜택을 볼 수 있다는 차이점도 있습니다.

급여의 비과세 항목에는 4대보험료도 면제됩니다. 그러니 급여를 받을 때 본인의 추가근무가 연장근무인지 당직근무인지를 정확하게 구분해서 계산할 필요가 있습니다.

★ Key Point

연장근무는 근로자(노동자) 본인이 기존에 하던 업무를 계속 이어서 하는 것입니다. 당직근무는 근로자(노동자) 본인의 기존 업무와 무관한 업무를 수행하는 것입니다. 임금에도 차이가 있습니다. 연장근무는 50%의 가산수당을 받으며, 당직근무는 회사에서 정한 당직수당을 별도로 받습니다.

16

근로자의 날(노동절)에 일하면
수당을 더 받나요?

(「근로자의 날 근무에 대하여」 유튜브 영상)

5월 1일은 노동절 즉, 근로자의 날입니다. 5월 1일은 모든 근로자
(노동자)들이 쉬는 유급휴일입니다.

근로자의 날(노동절)과 주휴일은 근로자(노동자)의 법정휴일입

니다. 법정휴일에는 일을 하지 않더라도 근무로 간주해 똑같은 급여를 받습니다. 그런데 법정휴일인 5월 1일에 일을 했다면 얼마를 받아야 할까요?

우선 상시근로자 5인 이상과 5인 미만 사업장으로 기준이 나눕니다. 상시근로자 5인 이상 사업장에는 가산수당이 적용되기 때문에 추가로 더 받을 수 있습니다.

예를 들어 계산해 보겠습니다. 여러분의 일당을 100이라고 가정하면 근로자의 날(노동절)에 일을 하지 않아도 기본적으로 100은 받습니다. 그런데 근무를 했다면 추가로 100을 더 받습니다. 그리고 상시근로자 5인 이상 사업장에는 가산수당이 적용되어 50이 추가됩니다.

결론적으로 상시근로자 5인 이상 사업장에 근무하신다면 근로자의 날(노동절)에 일했을 때 일당의 250%를 받아야 합니다. 상시근로자 5인 미만 사업장이라면 가산수당 50%를 제외한 200%를 받습니다.

근로자의 날(노동절)과 공휴일, 법정휴일의 개념을 혼돈하는 분이 많습니다. 공휴일은 모두가 쉬는 공동의 휴일이니, 수당을 받고 쉬어야 한다고 생각합니다. 그렇지 않습니다. 현재 공휴일은 근로자(노동자)의 휴일이 아닙니다.

근로자(노동자)의 법정휴일은 5월 1일 근로자의 날(노동절)과 주휴일, 두 가지뿐입니다. 2020년부터 상시근로자 규모에 따라 점차 공휴일도 법정휴일로 인정되기는 하지만, 현재는 두 가지뿐이

두 번째 노무 이야기 – 사장과 동행

니 유념하시기 바랍니다.

★ **Key Point**

근로자의 날(노동절)은 근로자(노동자)가 반드시 쉬어야 하는 법정휴일입니다. 그런데 상시근로자 5인 이상 사업장에서 이 날 근로(노동)를 한다면, 250%의 임금을 받습니다.

17

퇴직금 중간정산은 무조건 못 하나요?

(「노무QnA 6번~10번」 유튜브 영상)

    2012년 이전에는 대부분 사업장에서 1년에 한 번씩 퇴직금 중간 정산을 했습니다. 사업주는 직원이 퇴사할 때 지급해야 할 목돈 마련의 부담을 덜 수 있고, 근로자(노동자)도 1년에 한 번씩 보너스 받는 기분이기에 애용되던 제도입니다. 1년간 일한 근로자(노동자)에게 한 달 치 월급을 추가로 지급한 셈입니다. 당시에는 다들 당연하게 1년에 한 번씩 추가 급여를 받는다는 인식이 있었습니다.

이런 관례가 2012년 7월 26일부터 금지되었습니다. 정확히 말하자면 전면 금지는 아니고 거의 제한된 셈이지요. 아래에 말씀드릴 몇 가지 예외를 제외하고는 중간정산이 전면 금지되었습니다. 근로자(노동자)의 노후 대비라는 퇴직금의 원래 목적을 살리려는 취지입니다. 퇴직금을 중간에 사용하지 못하도록 법으로 강제함으로써 고령화 사회에 대비하기 위한 목적도 있습니다.

다양한 퇴직급여제도의 내용은 『사장이 꼭 알아야 하는 30가지 노무 이야기』, "Q27. 퇴직급여제도가 무엇인가요?"에서 다루었으니 필요하신 분은 참고하시기 바랍니다.

※ 퇴직금 중간정산이 가능한 예외 사유

1. 무주택자인 근로자(노동자)가 주택을 구입하는 경우(본인 명의의 구입)
2. 무주택자인 근로자(노동자)가 전세금 또는 주택임대차보호법에 따른 보증금을 부담하는 경우
3. 근로자(노동자) 본인, 배우자, 부양가족의 6개월 이상 요양을 필요로 하는 질병이나 부상에 대한 치료비를 부담하는 경우
4. 퇴직금의 중간정산 신청 직전 5년 이내에 개인회생절차개시 결정을 받은 경우

5. 퇴직금의 중간정산 신청 직전 5년 이내에 파산선고를 받은 경우

6. 그 밖에 천재지변 등으로 피해를 입은 경우 등

퇴직금은 무조건 중간정산이 불가능하다고 알고 계신 분이 많습니다. 위의 예외 사유에 해당한다면 퇴직금 중간정산으로 긴급자금을 확보할 수 있으니 참고하시기 바랍니다.

한 가지 더, 많은 근로자(노동자)가 퇴직금 중간정산을 사업주가 임의로 해 주는 것으로 착각합니다. 퇴직금 중간정산에는 근로자(노동자)의 요청이 반드시 필요합니다. 퇴직금 중간정산 신청서를 근로자(노동자)가 작성해서 사업주에게 청구하면 됩니다. (부록 4. 퇴직금 중간정산 신청서 참고)

★ Key Point

퇴직금 중간정산은 2012년 7월 26일부터 원칙적으로 금지되었습니다. 다만 몇 가지의 예외 사유에 해당된다면 중간정산을 할 수 있습니다.

18

지각이나 조퇴를 3번 이상 하면
결근으로 처리되는데 맞나요?

(「노무QnA 11번~15번」 유튜브 영상)

학창 시절에는 결석 없이 개근을 하면 개근상을 받습니다. 저도 개근상을 많이 받았는데, 간혹 이런 경우가 있습니다. 몸이 아파서 지각을 하거나 조퇴를 하는 거죠. 학교에서는 지각이나 조퇴를 3회 이상 하면 1회 결석으로 처리되어 개근상을 받지 못합니다. 그런데 회사생활에도 비슷하게 적용할 수 있을까요? 지각이나 조퇴를 세 번 이상 하면 결근으로 처리할 수 있을까요?

　예를 들어 아침 9시부터 저녁 6시까지가 근로(노동)시간인 회사가 있습니다. 그런데 어떤 직원이 오후 5시 30분에 출근을 했다면 사실상 결근으로 봐야 할까요? 하지만 이는 지각일 뿐 결근이 아닙니다. 만근을 하지 않았더라도 퇴근 시간 전에만 나오면 일단은 출근으로 처리됩니다. 결근은 아닙니다.

　이번엔 질문을 살짝 바꿔 보겠습니다. 지각이나 조퇴한 시간의 합이 하루 근무시간(8시간)을 넘어가면 한 번의 결근으로 처리할 수 있을까요?

　예를 들어 근로자(노동자)가 3시간을 지각했습니다. 그리고 어느 날 조퇴를 해서 4시간을 빠졌습니다. 또 다른 날 1시간을 지각했습니다. 이렇게 지각과 조퇴시간이 총 8시간을 넘겼습니다. 하루 근무시간인 8시간을 넘겼으니 결국 하루를 근무하지 않았다고 간주해 결근으로 처리할 수 있을까요? 아닙니다. 이 역시 위법입니다. 단 1시간이든 30분이든 5시간이든 출근해서 일을 했다면 결근으로 간주할 수 없습니다.

　그런데 취업규칙 같은 회사내규에 지각이나 조퇴 규정이 있다면 수당은 차감될 수 있습니다. 지각이나 조퇴 시 연차휴가나 별도 수당에서 차감한다는 규정이 있다면 가능합니다. 지각과 조퇴 때문에 수당이 차감되지 않도록 유의하시기 바랍니다.

출근, 지각, 조퇴 등은 연차휴가와 밀접한 관계가 있습니다. 연차휴가는 상시근로자 5인 이상 사업장에서 1년 동안 80% 이상을 출근한 근로자(노동자)에게 주어집니다. 더불어 2018년 5월 29일부터는 1년 미만의 근로자(노동자)도 1개월간 개근 시 하루의 연차휴가를 사용할 수 있으며 1년 후 지급되는 15일의 연차휴가에서 차감하지 않습니다. 그런데 하루에 3시간이든, 5시간이든 출근을 했다면 하루의 출근으로 계산됩니다. 그래서 80% 이상 출근하면 연차휴가가 주어집니다. 때문에 지각이나 조퇴를 수차례 반복하더라도 이는 출근으로 간주한다는 점 기억하시기 바랍니다.

만약 근로계약서에 '지각, 조퇴가 3회 이상이면 결근 한 번으로 간주한다' 같은 내용이 있다면 위법이니 수정을 요구하시기 바랍니다.

★ Key Point

지각이나 조퇴를 수차례 반복하더라도 결근으로 처리할 수는 없습니다. 연차휴가는 1년간 출근율이 80% 이상일 때 지급합니다. 다만 출근율에 지각이나 조퇴는 영향을 미치지 않습니다. 별도의 규정에 따라 수당에서 차감할 수는 있습니다.

19

연차휴가 미사용 시 수당으로 받을 수 있나요?

(「연차휴가 지급기준, 계산방법」 유튜브 영상)

연차휴가는 상시근로자 5인 이상 사업장에서 1년 이상 근무한 근로자(노동자)에게 주어지는 휴가입니다. 사업주는 1년간 80% 이상 출근한 근로자(노동자)에게 15일의 유급휴가를 보장해야 합니다. 또한 근무기간이 3년, 5년, 7년이 지날 때, 즉 최초 1년 후 2년마다 1일씩 가산해야 합니다. 연차휴가는 계속근로(노동) 연수에 따라 최대 25일까지 늘어납니다. 그리고 근로자(노동자)가 이를 사용하지 못하면 1년 후 수당으로 받을 수 있습니다.

그렇다면 1년 미만의 신입 직원은 상대적으로 불리합니다. 1년 이상 근무하지 않았기 때문에 사용할 연차휴가가 없었습니다. 그래서 1년 미만의 근로자(노동자)는 2년 차에 사용할 예정인 15일의 연차휴가를 당겨써야 했습니다. 근무 1개월마다 1일씩 사용 가능했습니다. 만약 신입 직원이 1년 차에 매월 연차휴가를 사용한다면 총 11일을 쓸 수 있고, 2년 차에는 15일 가운데 11일이 차감된 4일의 연차휴가만 사용할 수 있었습니다.

이를 개선하기 위해 2018년 5월 29일부로 연차휴가 규정이 변경되었습니다. 1년 미만의 근로자(노동자)가 다음 해의 연차휴가를 당겨쓸 필요가 없도록 1개월을 개근하면 1일의 연차휴가가 주어집니다. 2년 차에 지급되는 본인의 연차휴가에서 차감하지 않습니다.
신입 근로자(노동자)도 1년간 월 1회씩 총 11일의 연차휴가를 사용할 수 있으며, 2년 차에는 새롭게 15일이 주어집니다. 다시 말해 2년간 총 26일의 연차휴가를 사용할 수 있습니다. 요즘은 연차휴가 계산기 어플리케이션이나 인터넷을 통해 쉽게 계산할 수도 있습니다.

한 가지 당부를 드리고 싶습니다. 연차휴가를 무조건 수당으로 받는다는 생각은 버리시기 바랍니다. 연차휴가는 실제 사용이 원칙입니다. 피치 못할 사정으로 사용할 수 없을 때만 1년 후에 수당으로 받습니다.

일부 회사는 처음부터 연차수당이 포함된 급여를 지급하기도 합니다. 이런 경우에도 근로자(노동자)가 연차휴가를 사용하고자 한다면 허용해야 합니다. 급여에 수당이 포함되었다는 핑계로 연차휴가 사용을 금지해서는 안 됩니다.

★ Key Point

상시근로자 5인 이상 사업장에서 1년 이상 근무한 근로자(노동자)에게는 1년에 15~25일의 연차휴가가 주어집니다. 근무기간 1년 미만의 근로자(노동자)에게는 월 1회 지급됩니다. 1년간 사용하지 않은 연차휴가는 수당으로 받을 수 있습니다.

20

연차휴가를 사용하라고
통보를 받았는데 무엇인가요?

(「노무QnA 1번~5번」 유튜브 영상)

연차휴가는 1년에 15일이 주어집니다. 2018년 5월 29일에 개정된 규정에 따라 1년 미만의 신입 직원도 1개월 만근 시에 1일의 연차휴가가 주어집니다. 입사 1년 후부터 2년이 지날 때마다 하루씩 추가되어 최대 25일까지 늘어납니다. 근로자(노동자)는 연차휴가가 발생한 시점부터 1년 안에 모두 사용해야 합니다. 만약 사용하지 못한 연차휴가가 있다면 수당으로 받습니다. 사업주는 미사용 연차 휴가에 대한 수당 지급 의무가 있습니다.

그럼 연차휴가 사용촉진제는 무엇일까요?

우선 말 그대로 근로자(노동자)가 연차휴가를 사용하도록 촉진시키는 제도입니다. 연차휴가 사용이 종료되는 시점의 6개월 전에 사업주가 1차 사용촉진을 합니다. 사용촉진은 반드시 서면으로 해야 합니다. 1차 사용촉진 이후에도 근로자(노동자)가 사용을 하지 않으면 연차휴가 사용 종료 2개월 전에 한 번 더 서면 통보합니다. 두 번의 사용촉진에도 불구하고 근로자(노동자)가 휴가를 사용하지 않으면 연차휴가가 소멸될 수 있습니다.

연차휴가가 소멸되는 상황은 이렇습니다.

첫째, 연차휴가가 지급된 날부터 1년이 지나도록 사용을 하지 않으면 수당으로 지급하거나 소멸됩니다. 대부분 근로자(노동자)는 수당으로 받습니다.

둘째, 연차휴가 사용을 촉진하는 경우입니다. 만약에 6개월 전과 2개월 전에 각각 사용촉진을 했는데도 사용을 하지 않으면 연차휴가는 소멸되며 수당도 없습니다.

그런데 직원이 연차휴가 사용촉진을 받았지만, 회사 업무 때문에 상급자 눈치를 보며 연차휴가를 사용하지 못하는 경우가 있을 수 있습니다. 혹은 서류상으로는 연차휴가를 사용했다고 하고 실제로는 출근을 하여 업무를 보게 할 수도 있습니다.

이는 문제의 소지가 있습니다. 근로자(노동자)가 회사의 강압으로 실제 휴가를 사용하지 못하고 근로(노동)를 하였다고 주장한다면 상황에 따라 미사용 연차휴가를 수당으로 받을 수도 있습니다.

★ Key Point

연차휴가는 실제 휴가 사용이 원칙입니다. 사업주는 연차휴가를 사용하지 않는 근로자(노동자)에게 연 2회 사용촉진을 하여 독려할 수 있습니다. 합법적인 사업주의 사용촉진에도 불구하고 근로자(노동자)가 사용하지 않은 연차휴가는 소멸될 수도 있습니다.

21

연차휴가를
공휴일에 대체 사용해서 없다는데 맞나요?

(「노무 QnA 11번~15번」 유튜브 영상)

상담에서 이런 질문을 받은 적이 있습니다.

"사장님이 제 연차휴가를 주지 않습니다. 대신 공휴일에 출근하지 않고 쉬었으니 연차휴가를 사용한 셈이라고 합니다. 연차휴가를 자꾸 공휴일에 썼다고 말합니다. 이래도 됩니까?"

민간기업에 종사하는 근로자(노동자)의 법정휴일은 공휴일이 아닌 근로자의 날(노동절)과 주휴일(일주일에 1일)입니다. 흔히들 공휴일을 모두가 쉬는 공동의 휴일이라고 착각합니다. 공휴일은 공공기관에 종사하는 공무원의 휴일입니다. 공휴일에 민간기업 근로자(노동자)가 근로(노동)를 한다고 근로기준법 위반은 아닙니다.(2019년 기준)

연차휴가를 살펴보겠습니다. 연차휴가 지급 기준은 상시근로자 5인 이상 사업장입니다. 상시근로자가 5인 이상인 사업장은 연차 유급휴가를 반드시 지급해야 합니다. 1년간 출근율이 80% 이상이면 15일의 연차휴가가 발생합니다. 여기서 말하는 80%는 1년 365일의 80%가 아닙니다. 근로자(노동자)가 출근을 해야 하는 날의 80%입니다. 2018년 5월 29일부터는 연차휴가 규정이 개정되어서 1년 미만의 신입 근로자(노동자)에게도 1개월에 1일의 연차휴가를 지급해야 합니다.

상시근로자 5인 미만 사업장은 회사내규에 별도 지급 규정이 없다면 법적으로 보장되는 연차휴가가 없습니다. 그러면 근로자(노동자)에게 지급되는 연차휴가를 공휴일에 대체 사용하도록 할 수 있는지 알아보겠습니다.

우리가 흔히 알고 있는 공휴일은 양력설, 설 연휴, 3·1절, 석가탄신일, 어린이날, 현충일, 광복절, 추석 연휴, 개천절, 한글날, 성탄절,

임시 공휴일, 대체 공휴일 등입니다. 연차휴가를 이런 공휴일에 대체해서 사용해도 될까요?

결론부터 말씀드리면 연차휴가 대체 합의서를 작성한 상시근로자 5인 이상 사업장에서는 연차휴가를 공휴일에 대체하여 사용할 수 있습니다. 연차휴가 대체 합의서는 근로자(노동자)에게 주어진 15일의 연차휴가를 공휴일에 쓸 수 있도록 사업주와 근로자(노동자)가 상호 합의한 문서입니다. 근로자(노동자) 대표를 선임하여 사업주와 합의하고 서명하면 연차휴가를 공휴일에 대체해서 사용할 수 있습니다.

그런데 이렇게 되면 근로자(노동자)에게 주어진 15일의 연차휴가를 공휴일에 다 쓰도록 하여 연차휴가가 사실상 유명무실해질 우려가 있습니다. 그래서 앞으로는 공휴일을 공무원뿐만 아니라 민간기업의 근로자(노동자)도 쉴 수 있는 법정휴일로 지정하도록 근로기준법이 바뀝니다. 물론 모든 민간기업에 동시 적용되지는 않고 상시근로자 수에 따라 단계적으로 진행됩니다. 따라서 연차휴가 대체 합의서는 2021년까지만 유효합니다. 2022년부터는 연차휴가를 공휴일에 대체해서 사용할 수 없습니다.

공휴일이 민간기업의 근로자(노동자)에게도 법정휴일로 변경되는 시점은 아래와 같습니다.

상시근로자 300인 이상의 사업장: 2020년 1월 1일

상시근로자 30~299인의 사업장: 2021년 1월 1일

상시근로자 5~29인의 사업장: 2022년 1월 1일

★ Key Point

    상시근로자 5인 이상 사업장은 1년에 15일 이상의 연차휴가를 반드시 지급해야 하는데, 이를 공휴일에 대체 사용하도록 합의할 수 있습니다. 물론 사업주와 근로자(노동자)의 서면합의가 선행되어야 합니다. 이때 근로자(노동자)는 대표를 선임하여 합의를 합니다.

22

이제 일주일에 52시간까지만 일할 수 있나요?

(「노무QnA 11번~15번」 유튜브 영상)

여러분은 일주일을 월요일부터 일요일까지라고 생각하시나요? 아니면 월요일부터 금요일까지라고 생각하시나요? 월요일부터 금요일까지라고 생각하면 일주일은 5일이고 2일이 남습니다. 월요일부터 일요일까지라고 생각하면 일주일은 7일이니 남는 날이 없습니다. 간단히 얘기해서 근로(노동)시간 단축은 일주일을 새롭게 규정했다고 생각하시면 됩니다.

연장근무는 규정상 일주일에 12시간까지만 허용됩니다. 일주일이 5일이면 2일이 남으니, 52시간에 휴일근무 16시간을 추가할 수 있겠죠. 그래서 기존에는 주 68시간까지 근로(노동)가 허용되었습니다. 반면 일주일이 7일이면 이미 52시간을 채웠기 때문에 더 이상 근로(노동)를 할 시간이 없습니다. 이를 염두에 두고 이해하시면 됩니다.

우선 52시간의 개념을 설명해 드리겠습니다. 하루에 근로(노동)하는 시간을 평균 8시간으로 잡습니다. 8시간씩 5일 근로(노동)하면 일주일에 40시간입니다. 그리고 연장근무는 법에 따라 일주일에 최대 12시간까지 가능합니다. 이를 합하면 52시간이 됩니다.

주 52시간 제도는 예전부터 있었습니다. 그런데 기존에는 일주일을 월요일부터 금요일까지로 해석했습니다. 일주일에 40시간을 일하고, 12시간 연장근무를 하면 52시간이 됩니다. 그런데 일주일에 포함되지 않은 토요일과 일요일이 남습니다. 이틀 동안 추가로 8시간씩 더 일할 수 있으니 월요일부터 일요일까지 총 68시간 근로(노동)가 허용된 셈이었습니다.

일주일을 월요일부터 금요일까지가 아니라 일요일까지로 규정하면 기존의 16시간 추가근무가 불가능해집니다. 그래서 일주일 동안 40시간 근무에 연장근무를 합친 52시간까지만 최대로 근로(노동)할 수 있다는 게 단축근무제입니다. 이는 법적 제한입니다. 16시간을 합쳐서 주 68시간 근로(노동)를 할 수 없습니다.

더불어 기존의 근로(노동)시간 특례업종 또한 26개에서 5개로 축소되었습니다. 이제 더 이상 52시간을 초과하여 근로(노동)시키는 형태는 거의 불가능하다고 볼 수 있습니다.

※ 근로기준법 제59조(근로시간 및 휴게시간의 특례)에 따른 근로(노동)시간 특례업종

변경 전 (26개 업종)	변경 후 (5개 업종)
보관·창고업, 자동차 부품판매업, 도매 및 상품중개업, 소매업, 금융업, 보험 및 연금업, 금융 및 보험 관련 서비스업, 우편업, 교육서비스업, 연구개발업, 시장조사 및 여론조사업, 광고업, 숙박업, 음식점 및 주점업, 건물·산업설비 청소 및 방제서비스업, 미용·욕탕업 및 유사서비스업, 육상운송 및 파이프라인 운송업, 수상운송업, 항공운수업, 기타 운송 관련 서비스업	육상운송 및 파이프라인 운송업(다만, 노선여객 자동차운송사업은 제외), 수상운송업, 항공운수업, 기타 운송 관련 서비스업, 보건업

변경 전 (26개 업종)	변경 후 (5개 업종)
영상·오디오 기록물 제작업 및 배급업, 방송업, 전기통신업, 보건업, 하수·폐수 및 분뇨처리업, 사회복지서비스업	

단축근무제는 2018년부터 시행됐습니다.

2018년 7월 1일부로 상시근로자 300인 이상 사업장과 공기업부터 주 52시간제가 적용됐습니다. 상시근로자 50인 이상 299인 이하 사업장은 2020년 1월 1일부터, 상시근로자 5인 이상 49인 이하 사업장은 2021년 7월 1일부터 적용됩니다.

★ Key Point

기존에는 주 40시간 근무와 연장근무 12시간에 휴일근무 16시간을 포함하여 일주일간 총 68시간의 근로(노동)가 허용되었습니다. 이제는 규정이 변경되어 연장근무를 포함하여 일주일간 최대 52시간까지만 근로(노동)를 할 수 있습니다. 물론 사업장의 상시근로자 수에 따라 단계적으로 시행됩니다.

식비는 규정상 지급 의무가 없습니다.
다만 2019년부터는 최저임금을 계산할 때
식비의 일부를 포함시킬 수 있도록 바뀌었습니다.

3부

세 번째 노무 이야기
사장과 헤어짐

23

퇴사할 때 무엇을 챙겨야 하나요?

(「퇴사 시 챙겨야 할 것들, 퇴직금, 주휴수당, 연차수당, 경력증명서, 사직서」 유튜브 영상)

　사람은 평생 동안 최소 일곱 번 직장을 옮긴다고 합니다. 그만큼 인생에서 입사와 퇴사는 큰 비중을 차지합니다. 특히 올바르고 깔끔한 퇴사가 중요합니다. 퇴사할 때 근로자(노동자)가 챙겨야 할 각종 수당과 서류를 간단히 말씀드리겠습니다.

첫째, 퇴직금을 잘 챙기셔야 합니다.

퇴직금은 사업장 규모와 관계없이 모든 사업장에서 받을 수 있습니다. 사업주에게 지휘감독을 받아 근로자(노동자)성이 인정되고, 1주 15시간 이상 근무하고, 계속근로(노동) 기간이 1년 이상이라면 당연히 받을 수 있습니다.

둘째, 주휴수당을 받지 못했다면 청구하실 수 있습니다.

일주일에 15시간 이상 근로(노동)하였는데 퇴사할 때 미지급분이 있다면 청구할 수 있습니다. 주휴수당은 일주일마다 하루분의 급여를 받을 수 있습니다.

셋째, 연차휴가수당을 챙기셔야 합니다.

상시근로자 5인 이상 사업장에서 근로(노동)했다면 근무기간에 관계없이 퇴사할 때 미사용한 연차휴가를 수당으로 청구할 수 있습니다. 연차휴가는 지급된 시점을 기준으로 1년 안에 사용할 수 있으며, 사용하지 않은 연차휴가는 수당으로 지급받을 수가 있는 것입니다.

넷째, 경력증명서를 챙기시기 바랍니다.

다른 직장을 구할 때 거의 대부분 회사가 경력증명서를 요구합니다. 퇴사 후 한참이 지나면 전 직장에 찾아가 요구하기가 불편할 수 있습니다. 그러니 퇴사할 때 미리미리 챙기시길 권합니다.

많은 근로자(노동자)가 본인의 권리임에도 불구하고 챙기지 못합니다. '회사와 불편해지지는 않을까?', '뭔가 불이익을 받지는 않을까?', '나는 사업주와 별도 합의서를 작성했으니 요구하지 못하겠지' 등등 이유도 다양합니다.

자주 강조하지만 노동법은 강행법입니다. 설령 사업주와 별도 합의서를 썼더라도 법에 저촉되는 내용이라면 무효입니다. 근로자(노동자)는 노동법에 부합하여 권리를 청구할 수 있습니다.

노무사건은 대부분 노사 간의 사소한 오해에서 시작됩니다. 사업주와 근로자(노동자) 모두 입사만큼이나 퇴사도 중요함을 인지할 필요가 있습니다. 지난 시간을 잘 마무리하는 의미로 원만한 퇴사절차를 밟으시기 바랍니다. 사업주는 지급할 것을 지급하고, 근로자(노동자)는 인수인계할 부분을 잘 인수인계해 서로에게 피해가 없도록 해야 합니다. 노동법 테두리 안에서 서로가 서로를 보호하면 좋겠습니다.

★ Key Point

퇴사할 때 퇴직금, 주휴수당, 연차수당, 경력증명서를 잘 챙기시기 바랍니다.

24

월급을 못 받고 퇴사했는데 어찌해야 하나요?

(「소액체당금 인상 1,000만 원」 유튜브 영상)

일식집에서 주방보조로 일하던 김 군 이야기입니다. 김 군은 주방장을 꿈꾸며 2년간 주방보조로 열심히 일했습니다. 그러던 어느 날 사업주는 인건비가 부담되어 더 이상 주방보조를 고용할 수 없으니 그만 나오라고 통보했습니다. 남은 임금은 다음 달에 줄 테니

세 번째 노무 이야기 – 사장과 헤어짐

당장 그만두라고 했습니다.

퇴사 후 한 달이 지났고, 김 군은 받지 못한 월급을 기다렸으나 입금되지 않았습니다. 사업주에게 연락하고 찾아가 보기도 했지만, 식당 상황이 어려우니 좀 더 기다리라는 답변뿐이었습니다. 하지만 이후로도 밀린 월급은 입금되지 않았습니다. 참다못한 김 군은 법적 조치를 취하기로 마음먹었습니다. 김 군은 어떻게 해야 할까요?

현장에서 자주 일어나는 일입니다. 해고당한 근로자(노동자)가 가장 궁금해하는 내용이기도 하죠. 이런 상황이라면 근로자(노동자)는 어떻게 해야 할까요? 법적 대응은 확실한 방법이긴 하지만, 결론을 알 수 없기에 섣불리 결정할 일은 아닙니다. 우선 몇 가지 챙겨야 할 부분을 말씀드리겠습니다.

일단 퇴사할 때 금품은 14일 이내에 모두 청산해야 합니다. 이를 어기면 시간의 경과에 따라 지연이자가 발생하니 근로자(노동자)와 사업주 모두 주의해야 합니다.(지연이자는 "Q29. 밀린 급여 지급을 미루는데 지연이자가 있나요?"에서 자세히 설명해 드리겠습니다)

모든 일이 그렇듯 가장 효율적인 해결은 원만한 합의입니다. 위에 언급한 김 군의 사례로 설명을 드리면 우선 미지급 월급, 최저임금 부족분, 주휴수당 미지급분, 미사용 연차휴가수당, 퇴직금 등을 확인하고 해당되는 항목을 정확히 계산하여 사업주에게 지급을 요청합니다. 그리고 대화를 통해 서로의 생각을 조율하여 합의하는 방법이 최선입니다.

이렇게 말씀드리면 많은 분이 '사장이 당연히 주어야 할 돈을 주지 않았는데 왜 합의를 하나? 법대로 처리하면 당연히 받을 수 있는 돈이 아닌가?'라고 생각하실 듯합니다. 법대로만 따지면 당연히 맞는 말입니다. 하지만 현실은 늘 법대로만 되지는 않습니다. 그래서 법에 호소하기 전에 가능하다면 서로 합의하여 처리하는 것이 가장 좋다고 생각합니다. 물론 합의가 이루어지지 않으면 법의 판단을 구해야겠지요.

임금체불 사건은 관할지역 노동청에서 처리합니다. 예를 들어 서울에는 서울지방고용노동청과 각 구별 노동지청이 있습니다. 여기서 임금체불 사건을 접수받고 처리합니다. 받지 못한 월급과 추가 금품을 확인하여 노동청에 접수하면 됩니다. 자신의 주장을 입증할 서류를 제시한다면 더욱 유리하겠죠. 만약 본인의 능력으로 부족함을 느낀다면 전문가에게 합당한 수임료를 지급하고 의뢰하는 방법도 있습니다.

결국 김 군은 당연히 받아야 할 임금을 받지 못했으니 분명히 받을 수 있습니다. 우선은 사업주와 원만한 합의를 시도해 보고, 여의치 않다면 법과 전문가의 도움을 받아 본인의 권리를 지켜야 합니다. 권리 위에 잠자는 자는 보호받지 못합니다. 가만히 있어도 당연히 법이 보호해 주리라는 방심은 금물입니다.

★ Key Point

우선 사업주와 원만한 합의를 시도해 봅니다. 여의치 않다면 관할지역 노동청에 임금체불 신고를 하고, 전문가의 도움을 받아 처리합니다. 본인의 권리는 본인이 챙겨야 하는 시대입니다. 권리 위에 잠자는 자는 보호받지 못합니다.

25

누구나 퇴직금을 받을 수 있나요?

(「노무QnA 1번~5번」 유튜브 영상)

최근 퇴직금에 관한 기사를 자주 접합니다. 기사에 자주 등장하는 곳은 학원, 미용실, 스포츠센터 등 주로 프리랜서(자율계약자)를 고용한 사업장입니다. 학원 강사, 미용사, 헬스트레이너 같은 직종도 퇴직금을 받을 수 있는지가 주요 이슈입니다.

퇴직금 지급 기준은 한마디로 근로자(노동자)성(性)입니다. 학원 강사, 미용사, 헬스트레이너 등의 근로자(노동자)성 유무가 쟁점입니다. 최근 법원 판례를 보면 위 직종의 근로자(노동자)에게 퇴직금을 지급하도록 판단한 경우가 많습니다. 근무 환경을 종합적으로 판단해 근로자(노동자)성, 즉 사업주의 지휘감독을 받는 근로자(노동자)임을 인정했기 때문입니다. 물론 상황에 따라 반대의 판단도 있을 수 있습니다.

현장에서 상담할 때 가장 많은 질문을 받는 주제이자 노무의 핵심이 바로 퇴직금입니다. 사업주와 근로자(노동자) 모두 마찬가지입니다. 왜 퇴직금 질문이 가장 많을까요? 바로 돈과 직결되는 문제이기 때문입니다. 물론 돈과 관련된 문제는 여러 가지이지만, 퇴직금이야말로 가장 피부에 와닿는 주제임에 틀림없습니다. 모든 근로자(노동자)는 언젠가 퇴사를 합니다. 사업장에도 늘 퇴사자가 있기 마련이죠. 그래서 퇴직금 이슈는 늘 끊이지 않습니다.

퇴직금 지급 기준은 근로자(노동자)성이라고 말씀드렸습니다. 4대보험 가입 여부, 근로계약서 작성 여부 등은 중요하지 않습니다. 근로자(노동자)성의 유무로 판단하시면 됩니다. 근로자(노동자)성은 사업주의 지휘감독을 받는지, 즉 사용종속 관계에 있는지를 따져서 판단합니다. 근로자(노동자)성이 없으면 근로자(노동자)로 인정받지 못합니다.

사업주의 지휘감독을 받는 사용종속 관계를 판단하는 기준 몇 가지를 소개합니다.

- 고정급여를 받는가?
- 사업주의 지시에 따라 업무를 수행하는가?
- 사업주가 출퇴근을 통제하는가?
- 근무장소가 지정되어 있는가?
- 근무규정 위반 시 제재를 받는가?

이 외에도 다양한 사업주의 지시, 감독, 통제를 받으며 일하는지를 근거로 판단합니다.

★ Key Point

근로자(노동자)성(性)이 인정되면 퇴직금을 받을 수 있습니다. 사업주에게 지휘감독을 받는 사용종속 관계라면 근로자(노동자)성이 인정됩니다. 근로자(노동자)성이 인정되면 퇴직금을 받아야 합니다.

26

퇴직금을
기본급에 대해서만 계산해 준다는데 맞나요?

(「노무QnA 6번~10번」 유튜브 영상)

　　상담을 하다 보면 근로자(노동자)들이 가장 궁금해하는 내용 중에 하나가 바로 퇴직금 계산 방식입니다. 퇴직금을 제대로 계산하려면 평균임금과 통상임금의 차이를 먼저 아셔야 합니다.

1. 통상임금

첫째, 통상임금의 정의는 정기적, 일률적으로 지급하는 금액입니다. 시점으로 보면 미래이고 고정성을 띕니다. 지급하기로 예정한 금액이라는 뜻입니다. 급여항목 중 기술수당, 근속수당, 가족수당(모든 근로자(노동자)에게 지급), 성과급(한도가 보장), 상여금(정기 지급) 등이 통상임금에 해당됩니다.

둘째, 통상임금은 초과근로수당, 연차수당 등 각종 수당을 계산할 때 사용됩니다. 최저임금처럼 시간 단위로 계산한다고 보시면 됩니다. 그래서 통상임금의 단위는 시급입니다.

셋째, 통상임금은 월 통상임금을 월 근로(노동)시간으로 나눠서 시급으로 계산합니다. 최저시급을 계산할 때 많이 사용하는 방법입니다. 월 통상임금을 월 근로(노동)시간으로 나누면 통상시급이 되겠죠. 그래서 이를 최저시급 계산할 때 씁니다.

2. 평균임금

첫째, 평균임금은 지급한 임금의 총액입니다. 시점으로 보면 과거이고 변동성을 띠며, 지금까지 지급한 총액입니다. 급여항목 중 기본급, 연차유급휴가수당, 가산수당, 직책수당, 일직수당 등이 평균임금에 해당됩니다.

둘째, 평균임금은 생활보장 의미를 가진 실업급여, 퇴직금 등을 계산할 때 사용됩니다. 가끔 평균임금 단위를 착각하시는 분들이 있는데 평균임금은 한 달 치가 아니라 하루 치, 즉 일급으로 계산합니다.

셋째, 평균임금은 지급한 임금 총액을 직전 3개월 일수로 나누어 계산합니다. 그런데 직전 3개월의 일수는 시기에 따라 다를 수 있습니다. 2월이 포함되면 짧아지고, 7~9월로 계산하면 좀 길어지죠. 그래서 직전 3개월은 최저 89일에서 최대 92일까지 나옵니다. 직전 3개월 일수에 따라 퇴직금도 조금씩 달라질 수 있습니다. 근로자(노동자)가 5월에 퇴사를 하면 직전 3개월이 2, 3, 4월이기 때문에 6월에 퇴사하는 경우보다 퇴직금이 조금 더 많을 수 있습니다.

이처럼 퇴직금은 퇴사 시기에 따라 적게는 몇십만 원에서 많게는 수백만 원까지 차이가 날 수 있습니다. 그러니 근로자(노동자) 여러분은 이를 고려하여 퇴사 시기를 정하시기 바랍니다.

※ 통상임금과 평균임금 정리표

구분	통상임금	평균임금
정의	근로자(노동자)에게 정기적이고 일률적으로 소정근로(노동) 또는 총근로(노동)에 대해 지급하기로 정한 시간급 금액, 일급 금액, 주급 금액, 월급 금액 또는 도급 금액	산정해야 할 사유가 발생한 날 이전 3개월 동안에 근로자(노동자)에게 지급된 임금의 총액을 기간의 총일수로 나눈 금액

구분	통상임금	평균임금
목적	연장 / 야간 / 휴일수당 등 계산 해고 예고 수당	퇴직금 계산 실업급여(구직급여)
결정시기	근로계약 체결 시	사유 발생 시
항목	기술수당, 근속수당, 가족수당(모든 근로자(노동자)에게 지급), 성과급(한도가 보장), 상여금(정기 지급)	기본급, 연차유급휴가수당, 가산수당, 직책수당, 일직수당

★ Key Point

퇴직금은 기본급이 아니라 평균임금으로 계산합니다. 평균임금이란 급여를 산정해야 할 사유가 발생한 날의 직전 3개월간 근로자(노동자)에게 지급된 임금의 총액을 기간의 총일수로 나눈 금액입니다. 통상임금(단위는 시급)은 지급하기로 한 기본급, 최저임금과 유사하며, 평균임금(단위는 일급)은 받은 총급여라 생각하시면 됩니다.

27

1년 이상 근로(노동)했고, 퇴직금을 못 받았는데 어디에 신고하나요?

(「노동청과 노동위원회에 대하여」 유튜브 영상)

　　퇴사할 때 자주 발생하는 일 중에 하나가 임금체불이지요. 그런데 막상 당하고 보면 어디에 신고하고, 누구의 도움을 받아야 할지 막막할 때가 많습니다. 노무문제가 생겼을 때 근로자(노동자)가 도움을 받을 수 있는 정부기관은 노동청, 노동위원회, 고용센터, 근로복지공단, 고용노동부 등입니다.

가장 먼저 아셔야 할 기관은 각 지역을 관할하는 고용노동청입니다.

노동청은 고용노동부 산하 기관이며 근무하는 분들은 공무원입니다. 얼마 전 방영된 드라마에서도 노동청에 근무하는 근로감독관을 주인공으로 다루기도 했습니다. 노동청은 지역별로 지방고용노동청 6곳이 있고, 다시 그 산하에 지역별 노동지청 40여 곳이 있습니다. 이곳에서 임금체불 신고를 받고 처리합니다. 노동청은 경찰 같은 역할을 하며 임금체불, 사업장 근로감독, 취업규칙 등을 다룹니다.

노동청과 함께 근로자(노동자)가 많이 접할 수 있는 곳은 노동위원회입니다.

예를 들어 어떤 근로자(노동자)가 임금이 밀린 상태에서 부당해고를 당했다고 가정하겠습니다. 근로자(노동자)가 진정을 하면 임금체불 건은 노동청에서 진행합니다. 만약 노동청에서 임금체불 건이 해결이 되더라도 부당해고 건은 노동위원회에서 별도로 진행합니다.

그래서 임금체불 건이 해소되더라도 노동위원회에서는 부당해고로 결론이 나는 사례가 많습니다. 두 가지는 별개의 사건입니다. 부당해고가 인정되어서 복직이 되면 부당해고 기간의 임금도 추가로 받을 수 있습니다.

노동위원회는 법원 같은 역할을 하며 부당해고, 노동쟁의 등을 합의체에서 논의해 판결합니다. 이곳에서 근로하는 분들 역시 공무원이며 조사관이라고 합니다. 노동청 근로감독관과 노동위원회 조사관은 상호 이동이 가능한 순환 보직입니다. 노동위원회는 12곳의 지방노동위원회와 중앙노동위원회가 있습니다. 만약 지방노동위원회의 판결에 승복을 못 하면 중앙노동위원회에 재심을 청구할 수 있습니다.

이처럼 노동청과 노동위원회는 하는 일이 다릅니다. 노동청은 경찰의 역할, 노동위원회는 법원의 역할을 합니다. 참고로 노동청에는 고용센터가 있습니다. 고용센터는 취업지원, 고용보험, 실업급여, 고용안정지원사업, 직업상담 등의 업무를 수행합니다.

고용노동부 산하 기관들이 어떤 일을 하는지 미리 알아 두면 일이 생겼을 때 어떻게 대처해야 하는지, 어디로 가서 문제를 해결해야 하는지 쉽게 판단할 수 있고 불이익을 예방할 수 있습니다.

★ Key Point

퇴직금 미지급은 임금체불의 일종으로 각 지역을 관할하는 노동청에 신고합니다. 노동청은 경찰과 비슷한 역할로, 주로 임금체불 관련 업무를 수행합니다.

28

미지급된 임금과 퇴직금은
언제까지 청구할 수 있나요?

(「퇴사 시 챙겨야 할 것들, 퇴직금, 주휴수당, 연차수당, 경력증명서, 사직서」 유튜브 영상)

일주일에 15시간 이상, 그리고 1년 이상 근무한 근로자(노동자)는 퇴직금을 받을 수 있습니다. 그럼 근로자(노동자)의 퇴직금 청구권을 살펴보겠습니다.

재직 중과 퇴사 이후의 청구권 효력에는 차이가 있습니다.
첫째, 재직 중일 때입니다. 이때는 퇴직금 청구권 효력을 없애지
못합니다. 다시 말해 사업주와 근로자(노동자)가 "퇴직금을 급여에
포함해서 받고 별도로 청구하지는 않겠습니다."라고 합의해도 소
용없습니다.

아무리 합의를 했더라도 퇴직금 청구권을 포기할 수 없고, 청구
권 효력이 상실되지도 않습니다. 재직 중이라면 아무리 근로자(노
동자) 본인의 퇴직금 청구권일지라도 마음대로 포기하거나 효력을
상실시킬 수 없습니다.

둘째, 퇴사 이후입니다. 사업주는 근로자(노동자) 퇴사 후 14일
이내에 금품을 청산해야 합니다. 이때 만약 "퇴직금 1,000만 원을
받을 수 있는데, 사업주와 근로자(노동자)가 합의하여 일정 금액만
받고 나머지는 더 이상 청구하지 않겠습니다."라고 하면 퇴직금 청
구권 효력이 상실될 수 있습니다. 물론 반드시 사업주와 근로자(노
동자)의 합의가 있어야 퇴직금 청구권 효력 상실이 가능합니다.

더불어 퇴사 후 임금 채권의 청구권은 3년간 유효합니다. 퇴사
하고 일정 시간이 지나면 더 이상 미지급 임금을 청구하지 못한다
고 생각하는 분들이 있기에 말씀드립니다.

★ Key Point

　사업주는 근로자(노동자)가 퇴사하면 퇴직금 등 금품을 14일 이내에 지급해야 합니다. 근로자(노동자)는 미지급된 금품이 있다면 퇴사 후 3년 이내에 청구할 수 있습니다.

29

밀린 급여 지급을 미루는데 지연이자가 있나요?

(「임금 및 퇴직금 지연이자에 대하여」 유튜브 영상)

사업주가 임금을 체불했다면 지연이자가 부과됩니다. 근로기준법 제37조에 미지급 임금의 지연이자 항목이 있습니다.

근로자(노동자)가 퇴사한 후 사업주가 14일 이내에 금품을 청산하지 않으면, 지연이자가 발생합니다. 퇴사 후 15일째를 기산일로 삼아 계산하며 근로기준법 시행령에 따라 연이율 20%가 부과됩니다. 여기서 금품이란 퇴직금이나 체불 임금 등을 뜻합니다.

또한 재직 중에 미지급된 임금에도 지연이자가 부과됩니다. 이는 노동법이 아닌 상법에 근거 조항이 있습니다. 상법 제54조에 따라 연이율 6%가 부과됩니다.

근로자(노동자) 여러분은 체불된 임금을 받을 때 잊지 않고 지연이자까지 챙기시기 바랍니다. 지연이자는 체불액에 이율과 체불 일수를 곱하고 365일로 나누면 됩니다.

지연이자 = 체불액 X 이율(%) X 체불 일수 ÷ 365일

★ Key Point

근로자(노동자)가 퇴사한 후 14일 이내에 금품을 청산하지 않으면, 체불 임금에 연 20%의 이자가 발생합니다. 재직 중의 미지급 임금에는 상법에 따라 6%의 이자가 발생합니다.

30

퇴사하면 누구나 실업급여를 받을 수 있나요?

(「퇴사 시 챙겨야 할 것들, 퇴직금, 주휴수당, 연차수당, 경력증명서, 사직서」 유튜브 영상)

보다 실제 의미에 부합하는 용어는 실업급여가 아니라 구직급여입니다. 실업은 단순히 직업을 잃었다는 뜻이 아닙니다. 실업은 더 나은 직장을 찾기 위해 스스로 선택한 자발적 실업과, 일할 의

사가 있음에도 일자리를 구하지 못하는 상태인 비자발적 실업으로 나뉩니다. 그래서 실업급여가 아닌 구직급여가 적절한 표현입니다. 단순히 직업을 잃은 상태만으로는 구직급여를 받을 수 없습니다. 구직활동을 해야 합니다.

또한 당연히 고용보험에 가입해야 지급대상이 됩니다. 고용보험에 가입하지 않았다면 피보험자가 아니므로 실업급여를 받을 수 없습니다. 만약 고용보험 가입대상임에도 사업주가 임의로 가입시키지 않았다면, 실업급여 지급 후 사업주에게 책임을 물을 수도 있습니다.

그리고 근로자(노동자)가 자발적으로 퇴사하거나 이직한다면 구직급여를 받지 못합니다. 하지만 실제 현장에서는 자발적과 비자발적 퇴사를 구분하기가 어렵습니다. 만약 사업주와 근로자(노동자)가 뒷거래를 통해 실업급여를 받았다면 부정수급으로 처벌받을 수도 있습니다.

이직일 이전 18개월간 피보험 단위기간이 통산 180일 이상이어야 실업급여를 받을 수 있습니다. 180일이라는 숫자 때문에 6개월이라고 착각하시는 분들이 있습니다. 피보험 단위기간은 임금이 지급된 날을 기준으로 계산하기 때문에 180일이면 대략 7~8개월가량이 됩니다. 그리고 회사로부터 해고, 권고사직을 당해야 합니다. 자발적인 퇴사가 아닌 비자발적인 퇴사만 지급대상입니다. 다만 자발적 퇴사 시에도 지급되는 경우가 있습니다.

1. 아래 사유가 이직일 이전 1년 이내에 2개월 이상 발생한 경우

(1) 근로(노동)조건이 제시된 것보다, 혹은 일반적으로 적용받던 것보다 낮아졌거나 임금이 체불된 경우

(2) 최저임금, 주휴수당을 지급하지 않은 경우

(3) 연장근로 위반의 경우

(4) 휴업으로 평균임금의 70% 미만을 받은 경우

2. 회사 제도에 문제가 있는 경우

- 사업의 양도, 인수, 합병

- 일부 사업의 폐지나 업종전환

- 직제개편에 따른 조직의 폐지, 축소

- 신기술의 도입, 기술혁신 등에 따른 작업형태의 변경

- 경영의 악화, 인사적체, 그 밖에 이에 준하는 사유가 발생한 경우

3. 회사에서 불합리한 차별대우(종교, 성별, 장애, 노조활동 등)를 받거나 성희롱을 당한 경우

4. 사업장 이전 등으로 출퇴근 시간이 왕복 3시간 이상인 경우

5. 가족의 간호, 육아를 위한 휴가, 휴직을 허용하지 않은 경우

6. 정년 도래나 계약기간 만료로 회사를 계속 다닐 수 없는 경우

7. 그 밖에 직장 형편에 비추어 볼 때, 통상적으로 다른 근로자 (노동자) 역시 이직했을 것이라는 사실이 객관적으로 인정되는 경우

더불어 취업을 위한 노력이 있어야 합니다. 단순히 실업 상태로 지낸다고 실업급여를 지급하지는 않습니다. 간혹 실업급여 수급기간에 해외여행 등을 가기도 합니다. 이때 구직활동이 증빙되지 않으면 부정수급으로 간주될 수 있으니 주의하셔야 합니다.

구직급여액은 상한액과 하한액이 정해지며, 매년 최저임금에 따라 하한액이 변동됩니다. 그리고 연령, 장애 여부, 고용보험 가입 기간에 따라 수급기간도 달라집니다.

퇴사하는 직원이 실업급여를 받아도, 회사에 직접적인 피해는 없습니다. 다만 고용지원금이 제한될 수는 있습니다. 실업급여와 고용지원금은 고용보험이라는 동일한 재원에서 지급되기 때문입니다.

★ Key Point

고용보험에 가입한 근로자(노동자)가 대상입니다. 실업급여는 단순히 실직했다고 해서 지급되지 않습니다. 구직활동을 해야 합니다. 구직급여가 더 정확한 용어입니다. 구직급여액은 매년 변동되며, 수급기간은 피보험자의 연령, 장애 여부, 고용보험 가입기간에 따라 정해집니다.

퇴사할 때 퇴직금, 주휴수당, 연차수당, 경력증명서를

잘 챙기시기 바랍니다.

4부

──── OX 퀴즈로 풀어 보는
알쏭달쏭 노동법

직원이 꼭 알아야 하는 노동법 8가지

(「근로자가 꼭 알아야 하는 노동법 8가지」 유튜브 영상)

노동법 조항은 수십, 수백 가지입니다. 노무문제가 발생했을 때 어떤 조항을 참고해야 해결할 수 있는지 근로자(노동자)가 찾기란 쉽지 않습니다. 그래서 근로자(노동자)에게 꼭 필요하고 알아야 하는 노동법 조항을 정리했습니다. 8가지 주제를 엄선하여 OX 퀴즈로 풀어 보겠습니다.

<1> 퇴직금

> Q> 학원 강사, 미용사, 헬스트레이너는 성과에 따라 수당을 지급하는 프리랜서 계약을 하기 때문에 퇴직금을 받을 수 없습니다.
>
> A> X

지금까지 근로자(노동자)들과 상담과 Q&A를 진행하면서 가장 많이 받은 질문 주제가 바로 퇴직금입니다. 퇴직금을 받을 수 있을지 궁금하다면 가장 먼저 본인의 근로자(노동자)성을 판단해 보셔야 합니다.

근로자(노동자)인가? 근로자(노동자)가 아닌가?

근로자(노동자)성은 사업주의 지휘감독을 받는 사용종속 관계인지 아닌지를 따져서 판단합니다. 근로자(노동자)성이 인정된다면 퇴직금을 받을 수 있습니다.

추가로 일주일에 15시간 이상 일하는 근로자(노동자)여야 합니다. 그리고 계속근로(노동) 기간이 1년 이상이어야 합니다. 퇴직금은 사업장 규모와는 전혀 관계가 없습니다. 사업장의 유일한 근로자(노동자)이든 대기업 직원이든 똑같은 기준이 적용됩니다.

OX 퀴즈로 풀어 보는 알쏭달쏭 노동법

더불어 퇴직금 금액은 평균임금에 따라 결정됩니다. 평균임금은 통상임금과 구별해야 하는 개념이죠. 평균임금은 퇴사 직전 3개월의 평균일급입니다. 그래서 평균일급이 대략 7~8만 원이라면 이를 기준으로 계속근로 기간에 따라 퇴직금이 정해집니다.

퇴직금 = 평균임금 X 계속근로일 ÷ 365 X 30

<2> 최저임금

> Q> 최저임금은 정규직 근로자(노동자)에게만 적용됩니다. 상시근로자 5인 미만 사업장의 근로자(노동자)에게는 적용되지 않습니다.
>
> A> X

최저임금은 해마다 뜨거운 이슈가 됩니다. 매년 5~7월에 최저임금위원회에서 공익위원, 노측위원, 사측위원 들이 모여 토의를 하고 최저임금을 결정합니다.

2019년 최저임금은 8,350원이며, 2020년 최저임금은 8,590원으로 결정되었습니다. 그럼 최저임금 적용 기준은 무엇일까요? 근무시간, 사업장 규모와는 전혀 관계가 없습니다. 몇 시간을 근무하든, 어떤 사업장에서 일하든 상관없이 최저임금은 무조건 보장되어야 합니다.

　쉽게 말해 모든 근로자(노동자)는 최저임금이 보장됩니다. 앞서 말씀드렸듯 근로자(노동자)성이 인정되면 근로자(노동자)입니다. 사업주의 지휘감독을 받으며 근무하는 근로자(노동자)라면 모두 최저임금을 보장받습니다.

<3> 주휴수당

> Q> 주휴수당은 일주일에 15시간 이상 근로(노동)하고, 다음 주에도 근로(노동)할 예정인 근로자(노동자)에게 지급됩니다. 일주일간 결근 없이 근로(노동)했다면 하루 치 임금을 받습니다.
>
> A> O

　주휴수당은 사업장 규모와 관계가 없습니다. 다만 근로자(노동자)의 근무시간은 관계가 있습니다. 일주일에 15시간 이상을 근로(노동)했고, 다음 주도 근무할 것으로 예상되는 근로자(노동자)에게 지급됩니다. 이번 주만 일하고 그만두면 이번 주의 주휴수당을 받지 못합니다. 주휴수당은 지난 근무의 보상이 아닙니다. '다음 주에도 일하느라 고생할 테니 하루 쉬게 해 준다'며 지급하는 수당이라고 생각하시면 됩니다.

　하루에 8시간을 기준으로 일주일에 5일간 일합니다. 그러면 40

시간이 됩니다. 이 40시간의 근로(노동)에 대해 8시간의 주휴를 줍니다. 유급휴일이라는 뜻입니다. 40시간을 일하면 8시간은 일하지 않아도 수당을 지급하면서 쉬게 해 준다는 의미입니다.

다만 소정근로(노동) 시간을 결근 없이 잘 출근했어야 한다는 조건이 있습니다. 하루 8시간씩 일주일에 40시간 일하기로 한 근로자(노동자)가 개인 사유로 못 나왔다면 주휴수당이 지급되지 않을 수도 있습니다.

40시간 중에 8시간이면 20%입니다. 간단히 말해 주휴수당은 본인의 근로(노동)에 20%만큼 가산해 주는 수당이라고 보면 됩니다.

<4> 초과근무

Q> 초과근무는 연장, 야간, 휴일근무를 뜻합니다. 연장근무는 1일 8시간, 일주일 40시간을 초과하는 근무입니다. 밤 10시에서 새벽 6시 사이에 일한다면 야간근무입니다. 주휴일과 근로자의 날(노동절)에 일한다면 휴일근무입니다.

A> O

시급을 1,000원이라고 가정하겠습니다. 초과근무를 하면 시급 1,000원에 500원을 더한 1,500원을 받습니다. 초과근무에는 가산수당이 붙기 때문입니다. 가산수당을 받는 기준은 본인의 근무시간이 아니라 사업장 규모입니다. 상시근로자 5인 이상인 사업장의 근로자(노동자)가 초과근무 수당을 받습니다. 물론 근로자(노동자) 입장에서는 불합리하다고 느낄 수 있습니다. 하지만 이는 소상공인을 보호하기 위해 만들어진 노동법 조항입니다.

초과근무는 연장근무, 야간근무, 휴일근무입니다.

하루에 8시간 이상, 혹은 일주일에 40시간 이상 일한다면 연장근무입니다. 두 조건 중에 하나만 충족하면 됩니다. 밤 10시에서 다음 날 새벽 6시까지 일하면 야간근무입니다.
근로자(노동자)의 법정휴일은 근로자의 날(노동절)과 주휴일, 두 가지입니다. 근로자의 날(노동절)은 잘 아시다시피 5월 1일이죠. 주휴일은 앞서 설명한 주휴수당을 받는 날입니다. 법정휴일에 일하면 휴일근무입니다.

결론적으로 연장, 야간, 휴일근무를 하면 50% 가산된 초과근무 수당을 받아야 합니다.

OX 퀴즈로 풀어 보는 알쏭달쏭 노동법

Q> 연차휴가는 모든 기업이 지급합니다. 1년 미만의 신입 직원은 연차휴가가 없습니다. 연차휴가를 1년 이내에 사용하지 못하면 소멸됩니다.

A> X

연차휴가는 상시근로자 5인 이상 사업장의 근로자(노동자)에게만 주어집니다. 그리고 출근율이 80% 이상이어야 합니다. 만약 개인 사유로 출근율이 50%가 되었다면 연차휴가는 없습니다. 물론 출근율 80% 넘기기는 크게 어렵지 않습니다. 추가로 2018년에 바뀐 규정에 따라 1년 미만의 신입 직원도 1개월간 개근을 하면 하루의 연차휴가를 받습니다.

가끔 월차휴가를 말씀하시는 분들이 있는데 월차는 없어진 개념입니다. 연차휴가가 맞는 말입니다. 1개월 개근을 하면 하루를 받고, 1년간 80% 이상 출근을 하면 다음 해에 15일의 연차휴가가 주어집니다. 또한 근무연수가 쌓이면 최초 1년 후 2년 간격으로 하루씩 늘어납니다. 처음엔 15일이었다가 3년을 근무하면 16일이 됩니다. 최대 25일까지 증가합니다.

연차휴가는 지급된 시점부터 1년 이내에 사용하지 못했다면 수당으로 받을 수 있습니다.

<6> 공휴일

> Q> 공휴일은 공무원의 휴일입니다. 민간기업 근로자(노동자)는 해당되지 않습니다. 다만 2020년부터는 사업장 규모에 따라 민간기업에도 점차 확대 적용됩니다.
>
> A> O

공휴일의 개념을 착각하시는 분들이 많습니다. 공휴일은 민간기업 근로자(노동자)의 휴일이 아닙니다. 공무원이 쉬는 날이라고 생각하시면 됩니다. 그럼 '공휴일에 쉬는 민간기업은 뭐지?'라고 반문하실 수도 있습니다. 이는 회사별로 규정이 상이하기 때문입니다.

조건을 충족하는 근로자(노동자)에게는 15일의 연차휴가가 주어진다고 말씀드렸습니다. 그런데 연차휴가를 공휴일에 대체 사용하도록 사업주와 근로자(노동자)가 합의한 회사가 꽤 많습니다. 그래서 공휴일에 쉬는 것입니다.

또한 연차휴가도 온전히 쓰고 공휴일도 쉬는 회사가 있습니다. 이 역시 회사 규정에 의해 정해지는 사항입니다. 현재 노동법에 따르면 공휴일은 민간기업 근로자(노동자)가 휴식하는 날은 아닙니다.

다만 2020년부터는 공휴일이 민간기업에도 법정휴일로 변경됩니다. 상시근로자 300명 이상 사업장부터 적용됩니다. 그러면 연차휴가 대체 합의를 할 수 없습니다. 법정휴일은 꼭 쉬어야 하는 날이기 때문입니다. 상시근로자 30인 이상 사업장은 2021년부터, 5인 이상 사업장은 2022년부터 적용됩니다.

<7> 산재보험

> **Q> 산재보험료는 사업주가 100% 납부합니다. 과실 유무에 관계없이 사업주가 모든 책임을 집니다. 산재보험 미가입 사업장에서 산재사고가 발생해도 사업주에게 책임이 있습니다.**
>
> A> O

현장에서 근로자(노동자)들과 4대보험 상담을 진행하다 보면 산재보험을 모르는 분들이 가끔 있습니다.

산재보험, 고용보험, 국민연금, 국민건강보험이 4대보험입니다. 사회보험이라고도 하지요. 그중 산재보험은 근로자(노동자)의 부담이 전혀 없습니다. 흔히들 사업주와 근로자(노동자)가 5:5의 비율로 4대보험료를 낸다고 알고 있습니다. 하지만 정확히 따져 보면 근로자(노동자)가 조금 적게 냅니다.

산재보험료의 100%, 그리고 고용보험료 중 일부는 사업주만 냅니다. 따라서 산재보험은 사업주가 책임지고 보험료를 납부하고 근로자(노동자)가 혜택을 받는 사회보험입니다. 2018년부터는 출퇴근 중에 발생한 사고에도 산재보험이 적용되기 때문에 혜택이 더 많아졌다고 볼 수 있습니다.

"산재사고가 생겼는데 사업주가 산재처리를 안 해 줍니다."라는 말은 사실 성립되지 않습니다. 산재보험을 청구하는 사람은 근로자(노동자) 본인입니다. 근로복지공단에 직접 신청하셔도 가능합니다. 예전에는 신청서에 사업주의 서명이 필요했지만 이제는 아닙니다. 만약에 칸이 있다면 사업주가 서명하지 않는다는 사실을 표시하고 제출하면 됩니다. 근로복지공단에서 업무상 재해로 인정되면 바로 보험금이 지급됩니다.

만약 4대보험에 가입하지 않은 사업장이라면 일단 보험금을 지급한 후 사업주에게 구상을 청구합니다. 산재보험은 사업주가 아니라 근로복지공단에 청구한다는 점을 기억하시기 바랍니다.

OX 퀴즈로 풀어 보는 알쏭달쏭 노동법

Q> 사업주와 근로자(노동자)는 근로계약서를 작성할 때 퇴직금을 급여에 포함하고, 별도로 지급하지 않기로 합의했습니다. 따라서 근로자(노동자)는 퇴사할 때 퇴직금을 받지 못합니다.

A> X

많은 사업주와 근로자(노동자)가 착각하는 부분입니다.

"근로계약서를 쓸 때 퇴직금 안 주기로 서로 합의했습니다."
"서로 서명했어요."
"뭐 어떻게 하기로 서로가 했습니다."
"뭐는 없는 걸로 했어요."

이런 말씀을 하시는 분들이 꽤 많습니다. 하지만 노동법은 강행법입니다. 노동법에 위반되는 사항은 아무리 합의를 했더라도 전면 무효입니다. 물론 정황을 따져 보고 판단하는 경우도 있지만 원칙은 무효입니다.

2019년 최저임금은 8,350원이며,
2020년 최저임금은 8,590원으로 결정되었습니다.

좀 더 쉽고 이해가 잘되도록 할 수는 없나?

서점을 돌아보면 노무 분야는 아무래도 사업주를 대상으로 쓴 책이 많습니다. 당연할 수도 있지만 직원을 채용하고 근로관리를 하고 입사, 퇴사를 결정하는 주체를 사업주로 인식하기 때문입니다.

저는 지난 1년이 넘는 기간 동안 유튜브에 노무 이야기 영상을 업로드하면서 생각이 약간 변했습니다. 처음에는 주로 사업주들이 제 영상을 많이 시청하고 궁금해하며 질문도 주고, 상담도 의뢰한다고 여겼습니다. 하지만 점점 시간이 지나면서 살펴보니 댓글을 남기고, 이메일을 보내고, 문의를 하는 분들의 대다수가 근로자(노동자)였습니다.

사업주들의 관심이 더 크리라 짐작했는데 실상은 반대였습니다. 물론 사업주와 근로자(노동자)의 숫자 차이도 무시할 수 없는 이유입니다. 하지만 그동안 노무 분야는 사업주의 영역으로 여겨졌습니다. 이를 감안한다면 지금의 현상은 참으로 많은 변화가 있었음을 나타냅니다.

노무, 노동법 자체가 어렵기도 하거니와 법을 다루는 내용이다 보니 비전문가 입장에서는 이해하기 쉽지 않은 것이 당연합니다. 수시로 노무문제를 다루는 사업주나 인사노무 담당자에게도 어려운 내용입니다. 가끔씩 노무문제를 고민하는 근로자(노동자)에게는 버거울 수도 있는 분야입니다.

유튜브 1인 방송을 시작한 계기도, 책을 집필한 계기도 바로 여기에 있습니다.

'좀 더 쉽고 이해가 잘되도록 할 수는 없나?'

'노동법을 어렵다고 느끼는 근로자(노동자)들이 보다 쉽고 편하게 접하도록 할 수는 없을까?'

노무는 어렵다고 뒷전으로 물리거나, 아예 보지 않고 모르면 그만이라고 치부할 수 있는 분야가 아닙니다. 어떡하든 알아야 하고 많이 알수록 힘이 생기는 분야이기에 방치할 수가 없습니다. 이 책을 읽는 많은 근로자(노동자)가 "노무 이야기"를 통해 조금이나마 더 알게 되고, 조금이나마 더 힘이 생기시길 고대합니다.

무더운 여름, 노트북과 사투 끝에 『사장이 꼭 알아야 하는 30가지 노무 이야기』에 이어, 『직원이 꼭 알아야 하는 30가지 노무 이야기』의 집필을 마쳤습니다. 처음엔 쉽게 생각했습니다. '강의를 하니까 그 내용을 글로 쓰면 그만이지.' 시작하고 얼마 지나지 않아 너무나 큰 착각임을 깨달았습니다. 말과 글은 달랐습니다.

다 그렇지는 않지만, 말은 앞뒤가 조금 맞지 않아도 부연설명으로 잘못을 보강할 수 있습니다. 하지만 글은 군더더기가 많으면 무슨 말인지 이해가 되지 않습니다. 처음엔 내가 쓰고도 이해가 되지 않는 글이 답답했습니다. 쓴 글을 다시 읽고, 또 다시 쓰기를 반복했습니다.

업무상 지방출장이 많은 저에게는 주말과 휴일이 글쓰기에 집중할 수 있는 유일한 시간이었습니다. 주말과 휴일이면 늘 책상에 머리를 처박고 노트북 자판을 두드렸습니다. 무더운 여름, 선풍기를 옆에 끼고 엉덩이에 차는 땀을 견디며 이 책을 썼습니다.

제가 노력과 심혈을 기울인 만큼, 이 책이 회사에 취직해서 근로(노동)를 하며 노무관리를 당하는(?) 근로자(노동자) 여러분에게 단비 같은 존재로 남길 바랍니다.

이제 어려운 노동법의 단순 해설서가 아닌, 근로자(노동자)가 쉽고 편하게 읽을 수 있는 "노무 이야기" 한 편이 탄생했습니다. 사장과 만남에서 헤어짐까지, 그리고 근로자(노동자)가 꼭 알아야 하는 노동법과 챙겨 봐야 하는 노무서식을 담았습니다. 독자 여러분에게 선물 같은 책이 되기를 소망합니다.

서울, 부산, 광주, 대전 지역별로 제 강의를 수강하고 센터 회원이 되어 정기모임을 하며, 함께 일하고 함께 놀았던 Biz 센터 50여 명의 전문위원에게 항상 감사하다는 말을 전합니다. 그리고 책의 완성을 위해 응원을 아끼지 않은 주변의 모든 분에게 감사드립니다.

끝으로 삶의 원동력인 나의 가족, 은영, 지홍, 은솔, 그리고 아들을 믿고 아낌없는 기도로 지원해 주시는 부모님께 감사드립니다.

2019년 겨울의 문턱, 『직원이 꼭 알아야 하는 30가지 노무 이야기』를 마무리하며….

권리 위에 잠자는 자는 보호받지 못합니다.

내 권리는 내가 챙겨야 하는 시대입니다.

부록

근로자(노동자)가
챙겨 봐야 할
노무서식 5가지

1) 표준근로계약서(5종)

> ## 표준근로계약서(기간의 정함이 없는 경우)

_____(이하 "사업주"라 함)과(와) _____(이하 "근로자"라 함)은 다음과 같이 근로계약을 체결한다.

1. 근로개시일 :   년   월   일부터

2. 근 무 장 소 :

3. 업무의 내용 :

4. 소정근로시간 : __시__분부터 __시__분까지 (휴게시간 : 시 분~ 시 분)

5. 근무일/휴일 : 매주 __일(또는 매일단위)근무, 주휴일 매주 __요일

6. 임 금
  - 월(일, 시간)급 : _____원
  - 상여금 : 있음 (   ) _____원, 없음 (   )
  - 기타급여(제수당 등) : 있음 (   ),   없음 (   )
    · _____원, _____원
    · _____원, _____원
  - 임금지급일 : 매월(매주 또는 매일) ____일(휴일의 경우는 전일 지급)
  - 지급방법 : 근로자에게 직접지급(   ), 근로자 명의 예금통장에 입금(   )

7. 연차유급휴가
  - 연차유급휴가는 근로기준법에서 정하는 바에 따라 부여함

8. 사회보험 적용여부(해당란에 체크)
  ☐ 고용보험 ☐ 산재보험 ☐ 국민연금 ☐ 건강보험

9. 근로계약서 교부
  - 사업주는 근로계약을 체결함과 동시에 본 계약서를 사본하여 근로자의 교부요구와 관계없이 근로자에게 교부함(근로기준법 제17조 이행)

10. 기 타
  - 이 계약에 정함이 없는 사항은 근로기준법령에 의함

          년   월   일

(사업주) 사업체명 :   (전화 :   )
       주 소 :
       대 표 자 :   (서명)

(근로자) 주 소 :
       연 락 처 :
       성 명 :   (서명)

표준근로계약서(기간의 정함이 있는 경우)

_____(이하 "사업주"라 함)과(와) _____(이하 "근로자"라 함)은 다음과 같이 근로계약을 체결한다.

1. 근로계약기간 :   년   월   일부터   년   월   일까지
2. 근 무 장 소 :
3. 업무의 내용 :
4. 소정근로시간 : __시__분부터 __시__분까지 (휴게시간 : 시 분~ 시   분)
5. 근무일/휴일 : 매주 __일(또는 매일단위)근무, 주휴일 매주 __요일
6. 임 금
   - 월(일, 시간)급 : _____원
   - 상여금 : 있음 (   ) _____원, 없음 (   )
   - 기타급여(제수당 등) : 있음 (   ),   없음 (   )
      · _____원, _____원
      · _____원, _____원
   - 임금지급일 : 매월(매주 또는 매일) _____일(휴일의 경우는 전일 지급)
   - 지급방법 : 근로자에게 직접지급(   ), 근로자 명의 예금통장에 입금(   )
7. 연차유급휴가
   - 연차유급휴가는 근로기준법에서 정하는 바에 따라 부여함
8. 사회보험 적용여부(해당란에 체크)
   ☐ 고용보험   ☐ 산재보험   ☐ 국민연금   ☐ 건강보험
9. 근로계약서 교부
   - 사업주는 근로계약을 체결함과 동시에 본 계약서를 사본하여 근로자의 교부요구와 관계없이 근로자에게 교부함(근로기준법 제17조 이행)
10. 기 타
   - 이 계약에 정함이 없는 사항은 근로기준법령에 의함

                    년   월   일

(사업주) 사업체명 :   (전화 :   )
        주   소 :
        대 표 자 :   (서명)

(근로자) 주   소 :
        연 락 처 :
        성   명 :   (서명)

149

연소근로자(18세 미만인 자) 표준근로계약서

_____(이하 "사업주"라 함)과(와) _____(이하 "근로자"라 함)은 다음과 같이 근로계약을 체결한다.

1. 근로개시일 : 　　년　　월　　일부터
   ※ 근로계약기간을 정하는 경우에는 "　　년　　월　　일부터　　년　　월　　일까지" 등으로 기재

2. 근 무 장 소 :

3. 업무의 내용 :

4. 소정근로시간 : ___시___분부터 ___시___분까지 (휴게시간 : 시 분~ 시 분)

5. 근무일/휴일 : 매주 ___일(또는 매일단위)근무, 주휴일 매주 ___요일

6. 임 금
   - 월(일, 시간)급 : _____원
   - 상여금 : 있음 ( ) _____원, 없음 ( )
   - 기타급여(제수당 등) : 있음 ( ), 없음 ( )
     · _____원, _____원
     · _____원, _____원
   - 임금지급일 : 매월(매주 또는 매일) _____일(휴일의 경우는 전일 지급)
   - 지급방법 : 근로자에게 직접지급( ), 근로자 명의 예금통장에 입금( )

7. 연차유급휴가
   - 연차유급휴가는 근로기준법에서 정하는 바에 따라 부여함

8. 가족관계증명서 및 동의서
   - 가족관계기록사항에 관한 증명서 제출 여부: _____
   - 친권자 또는 후견인의 동의서 구비 여부 : _____

9. 사회보험 적용여부(해당란에 체크)
   ☐ 고용보험　☐ 산재보험　☐ 국민연금　☐ 건강보험

10. 근로계약서 교부
    - 사업주는 근로계약을 체결함과 동시에 본 계약서를 사본하여 근로자의 교부요구와 관계없이 근로자에게 교부함(근로기준법 제17조, 제67조 이행)

11. 기타
    - 13세 이상 15세 미만인 자에 대해서는 고용노동부장관으로부터 취직인허증을 교부받아야 하며, 이 계약에 정함이 없는 사항은 근로기준법령에 의함

　　　　　　　　　　년　　　월　　　일

(사업주) 사업체명 :　　　　　　　　　(전화 :　　　　　　　)
　　　　 주　 소 :
　　　　 대 표 자 :　　　　　　　　　(서명)

(근로자) 주　 소 :
　　　　 연 락 처 :
　　　　 성　 명 :　　　　　　　　　(서명)

친권자(후견인) 동의서

○ 친권자(후견인) 인적사항

　성　　명 :

　생년월일 :

　주　　소 :

　연 락 처 :

　연소근로자와의 관계 :

○ 연소근로자 인적사항

　성　　명 :　　　　　　　　　　　(만　　　세)

　생년월일 :

　주　　소 :

　연 락 처 :

○ 사업장 개요

　회 사 명 :

　회사주소 :

　대 표 자 :

　회사전화 :

　본인은 위 연소근로자 ＿＿＿＿＿＿가 위 사업장에서 근로를 하는 것에 대하여 동의합니다.

년　　월　　일

친권자(후견인)　　　　　　　　(인)

첨　부 : 가족관계증명서 1부

건설일용근로자 표준근로계약서

_____(이하 "사업주"라 함)과(와) _____(이하 "근로자"라 함)은 다음과 같이 근로계약을 체결한다.

1. 근로계약기간 :   년   월   일부터   년   월   일까지
   ※ 근로계약기간을 정하지 않는 경우에는 "근로개시일"만 기재

2. 근 무 장 소 :

3. 업무의 내용(직종) :

4. 소정근로시간 : ___시___분부터 ___시___분까지 (휴게시간 : 시 분~ 시 분)

5. 근무일/휴일 : 매주 __일(또는 매일단위)근무, 주휴일 매주 __요일(해당자에 한함)
   ※ 주휴일은 1주간 소정근로일을 모두 근로한 경우에 주당 1일을 유급으로 부여

6. 임 금
   - 월(일, 시간)급 : _____원(해당사항에 ○표)
   - 상여금 : 있음 (   ) _____원, 없음 (   )
   - 기타 제수당(시간외·야간·휴일근로수당 등):   원(내역별 기재)
     · 시간외 근로수당:_____원(월   시간분)
     · 야 간 근로수당:_____원(월   시간분)
     · 휴 일 근로수당:_____원(월   시간분)
   - 임금지급일 : 매월(매주 또는 매일)   일(휴일의 경우는 전일 지급)
   - 지급방법 : 근로자에게 직접지급(   ), 근로자 명의 예금통장에 입금(   )

7. 연차유급휴가
   - 연차유급휴가는 근로기준법에서 정하는 바에 따라 부여함

8. 사회보험 적용여부(해당란에 체크)
   ☐ 고용보험   ☐ 산재보험   ☐ 국민연금   ☐ 건강보험

9. 근로계약서 교부
   - "사업주"는 근로계약을 체결함과 동시에 본 계약서를 사본하여 "근로자"의 교부요구와 관계없이 "근로자"에게 교부함(근로기준법 제17조 이행)

10. 기 타
    - 이 계약에 정함이 없는 사항은 근로기준법령에 의함

                    년   월   일

(사업주) 사업체명 :   (전화 :   )
        주   소 :
        대 표 자 :   (서명)

(근로자) 주   소 :
        연 락 처 :
        성   명 :   (서명)

단시간근로자 표준근로계약서

_____(이하 "사업주"라 함)과(와) _____(이하 "근로자"라 함)은
다음과 같이 근로계약을 체결한다.

1. 근로개시일 :   년   월   일부터

　※ 근로계약기간을 정하는 경우에는 "   년   월   일부터   년   월   일까지" 등으로 기재

2. 근 무 장 소 :

3. 업무의 내용 :

4. 근로일 및 근로일별 근로시간

	( )요일	( )요일	( )요일	( )요일	( )요일	( )요일
근로시간	시간	시간	시간	시간	시간	시간
시업	시 분	시 분	시 분	시 분	시 분	시 분
종업	시 분	시 분	시 분	시 분	시 분	시 분
휴게 시간	시 분 ~ 시 분	시 분 ~ 시 분	시 분 ~ 시 분	시 분 ~ 시 분	시 분 ~ 시 분	시 분 ~ 시 분

　○ 주휴일 : 매주 __요일

5. 임 금

　- 시간(일, 월)급 : _____원(해당사항에 ○표)
　- 상여금 : 있음 (   ) _____원, 없음 (   )
　- 기타급여(제수당 등) : 있음 : _____원(내역별 기재), 없음 (   ),
　- 초과근로에 대한 가산임금률:_____ %

　　※ 단시간근로자와 사용자 사이에 근로하기로 정한 시간을 초과하여 근로하면 법정
　　　근로시간 내라도 통상임금의 100분의 50%이상의 가산임금 지급('14.9.19. 시행)

　- 임금지급일 : 매월(매주 또는 매일)　 ____일(휴일의 경우는 전일 지급)
　- 지급방법 : 근로자에게 직접지급(   ), 근로자 명의 예금통장에 입금(   )

6. 연차유급휴가: 통상근로자의 근로시간에 비례하여 연차유급휴가 부여

7. 사회보험 적용여부(해당란에 체크)
　　□ 고용보험　□ 산재보험　□ 국민연금　□ 건강보험

8. 근로계약서 교부
　- "사업주"는 근로계약을 체결함과 동시에 본 계약서를 사본하여 "근로자"의
　　교부요구와 관계없이 "근로자"에게 교부함(근로기준법 제17조 이행)

9. 기 타
　- 이 계약에 정함이 없는 사항은 근로기준법령에 의함

년   월   일

(사업주) 사업체명 :   (전화 :   )

         주 　소 :

         대 표 자 :   (서명)

(근로자) 주 　소 :

         연 락 처 :

         성 　명 :   (서명)

◁◁ **단시간근로자의 경우 "근로일 및 근로일별 근로시간"을 반드시 기재하여야 합니다. 다양한 사례가 있을 수 있어, 몇 가지 유형을 예시하오니 참고하시기 바랍니다.** ▷▷

○ **(예시①)** 주5일, 일 6시간(근로일별 근로시간 같음)
- 근로일 : 주 5일, 근로시간 : 매일 6시간
- 시업 시각 : 09시 00분,　종업 시각: 16시 00분
- 휴게 시간 : 12시 00분부터 13시 00분까지
- 주휴일 : 일요일

○ **(예시②)** 주 2일, 일 4시간(근로일별 근로시간 같음)
- 근로일 : 주 2일(토, 일요일), 근로시간 : 매일 4시간
- 시업 시각 : 20시 00분,　종업 시각: 24시 00분
- 휴게 시간 : 별도 없음
- 주휴일 : 해당 없음

○ **(예시③)** 주 5일, 근로일별 근로시간이 다름

	월요일	화요일	수요일	목요일	금요일
근로시간	6시간	3시간	6시간	3시간	6시간
시업	09시 00분	09시 00분	09시 00분	09시 00분	09시 00분
종업	16시 00분	12시 00분	16시 00분	12시 00분	16시 00분
휴게 시간	12시 00분 ~ 13시 00분	-	12시 00분 ~ 13시 00분	-	12시 00분 ~ 13시 00분

- 주휴일 : 일요일

○ **(예시④)** 주 3일, 근로일별 근로시간이 다름

	월요일	화요일	수요일	목요일	금요일
근로시간	4시간		6시간		5시간
시업	14시 00분		10시 00분		14시 00분
종업	18시 00분		17시 00분		20시 00분
휴게 시간	-	-	13시 00분 ~ 14시 00분	-	18시 00분 ~ 19시 00분

- 주휴일 : 일요일

※ 기간제 · 단시간근로자 주요 근로조건 서면 명시 의무 위반 적발 시 과태료
(인당 500만원 이하) 즉시 부과에 유의 ('14.8.1.부터)

표준근로계약서
Standard Labor Contract

(앞쪽)

아래 당사자는 다음과 같이 근로계약을 체결하고 이를 성실히 이행할 것을 약정한다.
The following parties to the contract agree to fully comply with the terms of the contract stated hereinafter.

사용자 Employer	업체명 Name of the enterprise		전화번호 Phone number	
	소재지 Location of the enterprise			
	성명 Name of the employer		사업자등록번호(주민등록번호) Identification number	
근로자 Employee	성명 Name of the employee		생년월일 Birthdate	
	본국주소 Address(Home Country)			

1. 근로계약기간	- 신규 또는 재입국자: ( ) 개월 - 사업장변경자: 년 월 일 ~ 년 월 일 * 수습기간: [ ]활용(입국일부터 [ ]1개월 [ ]2개월 [ ]3개월) [ ]미활용 ※ 신규 또는 재입국자의 근로계약기간은 입국일부터 기산함(다만, 「외국인근로자의 고용 등에 관한 법률」 제18조의4에 따라 출국한 날부터 3개월이 지난 후 재입국한 경우는 입국하여 근로를 시작한 날부터 기산함).
1. Term of Labor contract	- Newcomers or Re-entering employee: ( ) month(s) - Employee who changed workplace: from (YY/MM/DD) to (YY/MM/DD) * Probation period: [ ] Included (for [ ] 1 month [ ] 2 months [ ] 3 months from entry date), [ ] Not included ※ For newcomers or re-entering employees, the labor contract will enter into effect from the entry date(but, the contract of employees who re-enter three months after departing from Korea in accordance with Article 18-4 of Act on Foreign Workers' Employment, etc. will enter into effect from the first day of work).
2. 근로장소	※ 근로자를 이 계약서에서 정한 장소 외에서 근로하게 해서는 안 됨.
2. Place of employment	※ The undersigned employee is not allowed to work apart from the contract enterprise.
3. 업무내용	- 업종: - 사업내용: - 직무내용:
3. Description of work	- Industry: - Business description: - Job description:

4. 근로시간	시 분 ~ 시 분 - 1일 평균 시간외 근로시간: 시간 (사업장 사정에 따라 변동 가능) - 교대제 ([ ]2조2교대, [ ]3조3교대, [ ]4조3교대, [ ]기타)	※ 가사사용인, 개인간병인의 경우에는 기재를 생략할 수 있음. ※ An employer of workers in domestic help, nursing can omit the working hours.
4. Working hours	from ( ) to ( ) - average daily over time: hours (changeable depending on the condition of a company) - shift system ([ ]2groups 2shifts, [ ]3groups 3shifts, [ ]4groups 3shifts, [ ]etc.)	
5. 휴게시간	1일 분	
5. Recess hours	( ) minutes per day	

210mm×297mm[백상지(80g/㎡) 또는 중질지(80g/㎡)]

6. 휴일	[ ]일요일 [ ]공휴일([ ]유급 [ ]무급) [ ]매주 토요일 [ ]격주 토요일 [ ]기타( )
6. Holidays	[ ]Sunday [ ]Legal holiday([ ]Paid [ ]Unpaid) [ ]Every saturday [ ]Every other Saturday [ ]etc.( )
7. 임금	1) 월 통상임금 ( )원 – 기본급[(월, 시간, 일, 주)급] ( )원 – 고정적 수당: (수당 : 원), (수당: 원) – 상여금 (원) * 수습기간 중 임금 ( )원 2) 연장, 야간, 휴일근로에 대해서는 수당 지급
7. Payment	1) Monthly Normal wages ( )won – Basic pay[(Monthly, hourly, daily, weekly) wage] ( )won – Fixed wages: (fixed wages :)won, (fixed wages :)won – Bonus: ( )won * Wage during probationary employment period: ( ) won 2) Additional pay rate applied to overtime, night shift or holiday work.
8. 임금지급일	매월/매주 ( )일/요일. 다만, 임금 지급일이 공휴일인 경우에는 전날에 지급함.
8. Payment date	( ) of every month/every week. If the payment date falls on a holiday, the payment will be made on the day before the holiday.
9. 지급방법	[ ]직접 지급, [ ]통장 입금 ※ 사용자는 근로자 명의로 된 예금통장 및 도장을 관리해서는 안 됨.
9. Payment methods	[ ]In person, [ ]By direct deposit transfer into the employee's account ※ The employer will not retain the bank book and the seal of the employee.

10. 숙식제공	1) 숙박시설 제공
	 – 숙박시설 제공 여부: [ ]제공 [ ]미제공
	   제공 시, 숙박시설의 유형([ ]아파트, [ ]단독주택, [ ]연립·다세대 주택,
	   [ ]아파트 또는·주택에 준하는 시설, [ ]그 밖의 임시 주거시설)
	 – 근로자 부담금액: 원
	2) 식사 제공
	 – 식사 제공 여부: 제공([ ]조식, [ ]중식, [ ]석식) [ ]미제공
	 – 근로자 부담금액: 원
	※ 숙식제공의 범위와 근로자의 비용 부담 수준은 사용자와 근로자 간 협의(신규 또는 재입국자의 경우 입국 이후)에 따라 별도로 결정.

10. Accommo –dations and Meals	1) Provision of accommodation
	 – Provision of accommodation: [ ]Provided, [ ]Not provided
	   (If provided, type of accommodations: [ ]Apartment, [ ]House, [ ]Multiplex housing unit,
	   [ ]Apartment or House style accommodation, [ ]Other makeshift accommodations)
	 – Cost of accommodation paid by employee: won
	2) Provision of meals
	 – Provision of meals: [ ]Provided([ ]breakfast, [ ]lunch, [ ]dinner), [ ] Not provided
	 – Cost of meals paid by employee: won
	※ Accommodation arrangement and costs, including the amount paid by employee, will be determined by mutual consultation between the employer and employee (Newcomers and re-entering employees will consult with their employers after arrival in Korea).

11. 이 계약에서 정하지 않은 사항은 「근로기준법」에서 정하는 바에 따른다.
 ※ 가사서비스업 및 개인간병인에 종사하는 외국인근로자의 경우 근로시간, 휴일·휴가, 그 밖에 모든 근로조건에 대해 사용자와 자유롭게 계약을 체결하는 것이 가능합니다.

11. Other matters not regulated in this contract will follow provisions of the Labor Standards Act.
 ※ The terms and conditions of the labor contract for employees in domestic help and nursing can be freely decided through the agreement between an employer and an employee.

년 월 일
_____ (YY/MM/DD)

사용자:　　　　　　　　(서명 또는 인)
Employer:　　　　　　　(signature)

근로자:　　　　　　　　(서명 또는 인)
Employee:　　　　　　　(signature)

2) 표준취업규칙(2019. 3. 21. 기준)

표 준 취 업 규 칙

2019. 10. 24.

고용노동부

◆ 이 자료는 주40시간제(주5일제)가 적용되는 제조업체를 가정하여 작성한 것이므로 동 자료를 참고하여 사업장의 취업규칙을 작성, 변경할 때는 근로기준법 등 노동관계법령에 위배되지 않는 범위 내에서 사업장의 규모나 업무의 특성에 맞게 수정·활용하여야 합니다.

◆ 또한, 이 자료는 현재까지 개정된 노동관계법령을 반영하였으므로 그 이후의 법령 제·개정에 대해서는 각 사업장에서 제·개정 내용을 확인하여 그 기준에 맞게 취업규칙에 반영하여야 합니다.

◆ 이 자료에 기재된 필수 근로조건은 관계 법령에 따른 최저기준을 반영한 것이므로, 사업장 상황에 따라 근로자에게 그 이상을 보장할 수 있습니다.

◆ 취업규칙은 근로자가 자유롭게 열람할 수 있는 장소에 항상 게시하거나 갖추어 두어 근로자에게 널리 알려야 하며, 취업규칙을 작성, 변경할 때에는 반드시 근로자 과반수(과반수 노동조합이 있는 경우는 그 노동조합)의 의견을 청취(불이익 변경 시에는 동의)하여야 합니다.

일반 근로자용

조 문 순 서

3) 최저임금 공고문

2019년
시간급 최저임금
8,350원

월환산액 1,745,150원 : 주 소정근로시간 40시간
월 환산기준 209시간(주당 유급주휴 8시간 포함)

최저임금제도는
국가가 임금의 최저수준을 정하고
사용자에게 이 수준 이상의 임금을
지급하도록 법으로 강제하는
제도입니다.

2019. 1. 1. ~ 2019. 12. 31. 적용

NO. 01 최저임금이 적용되는 사업장과 근로자는 어떻게 되나요?

▶ 근로자 1명 이상인 모든 사업 또는 사업장에 적용됩니다. 다만, 동거하는 친족만을 사용하는 사업과 가사사용인, 선원법을 적용받는 선원과 선원을 사용하는 선박 소유자에게는 적용되지 않습니다.

▶ 근로기준법상 근로자(정규직, 파트타임, 아르바이트 학생, 외국인 근로자 등)는 모두 적용됩니다. 다만, 정신 또는 신체장애로 근로능력이 현저히 낮아 고용노동부장관의 적용제외 인가를 받은 자는 적용되지 않습니다.

NO. 02 최저임금액과 다른 금액으로 최저임금액을 정하는 근로자는?

▶ 수습사용 중에 있는 자(1년 미만으로 근로계약을 체결한 경우 제외)로서 수습을 시작한 날부터 3개월 이내인 근로자는 최저임금액의 10%를 감액하여 지급할 수 있습니다.

※ 다만, 단순 노무업무로 고용노동부장관이 정하여 고시한 직종에 종사하는 근로자(한국표준직업분류상 대분류9〈단순노무종사자〉에 해당하는 사람)는 수습여부·계약기간에 관계없이 최저임금 100%를 지급하여야 합니다.

NO. 03 최저임금에 산입되는 임금과 산입되지 않는 임금은 어떻게 되나요?

▶ 최저임금에 산입되는 임금은 근로기준법상 임금으로서 매월 1회 이상 정기적으로 지급하는 임금
▶ 다만, 아래의 임금은 최저임금에 산입되지 않음

① 통화 이외의 것(현물)으로 지급하는 임금

② 소정근로시간 또는 소정의 근로일에 대하여 지급하는 임금 외의 임금
- 연장근로 또는 휴일근로에 대한 임금 및 연장·야간 또는 휴일근로에 대한 가산임금, 연차 유급휴가 미사용수당, 그 밖에 이에 준하는 것으로 인정되는 임금

③ ㉠ 1개월을 초과하는 기간에 걸친 해당 사유에 의하여 산정하는 상여금 등의 25%(최저임금 월 환산액 기준)
㉡ 식비, 숙박비, 교통비 등 근로자의 생활보조 또는 복리후생을 위한 성질의 임금의 7%(최저임금 월 환산액 기준)
⇒ 위 금액에 초과하는 부분은 최저임금 산입
⇒ 이후 5년에 걸쳐 최저임금에 미산입 되는 비율을 단계적으로 축소 (2024년부터는 전부 산입)

※ '최저임금 월 환산액'이란? 고시된 시간급 최저임금액을 월 단위로 환산한 금액 (1주 소정 근로시간 40시간, 월 환산기준 209시간(유급주휴 8시간)의 경우: 1,745,150원)

〈취업규칙 변경 절차의 특례〉
최저임금에 산입되는 임금에 포함시키기 위하여 1개월을 초과하는 주기로 지급하는 임금을 총액의 변동 없이 매월 지급하는 것으로 취업규칙 변경시 근로자의 과반수(과반수 노동조합이 있으면 그 노동조합)의 의견청취 필요

급여를 주거나 받을 때에는

최저임금

NO. 04 최저임금액보다 낮은 임금을 지급 받기로 한 근로계약은 유효한가요?

▶ 최저임금액에 미치지 못한 금액을 임금으로 정하였다면 이렇게 정한 임금 부분은 무효이고 최저임금액과 동일한 임금을 지급하여야 합니다.

NO. 05 최저임금 미달 여부의 판단방법은?

▶ 근로자가 매월 1회 이상 정기적으로 지급 받은 임금에서 "최저임금에 산입하지 아니하는 임금"을 제외하고, 일·주·월급의 경우에는 이를 해당기간의 적용 기준 시간으로 나누어 시간당 임금으로 환산한후 시간급 최저임금액과 비교

※ 월급을 시간당 임금으로 환산시 사용하는 월 적용기준 시간(유급주휴시간 포함)
 : 주당 소정 근로시간이 40시간인 경우는 209시간

최저임금에 산입되는 임금의 범위	=	근로기준법상 임금으로서 매월 1회 이상 정기적으로 지급되는 임금	−	이중 최저임금에 산입 하지 않는 임금

NO. 06 사용자가 근로자에게 반드시 알려주어야 할 사항은 무엇인가요?

▶ 사용자는 ①최저임금액, ②적용제외 근로자의 범위, ③최저임금에 산입하지 아니하는 임금, ④최저임금의 효력발생 연월일을 근로자가 쉽게 볼 수 있는 장소에 게시하거나 그 외 적당한 방법으로 근로자에게 널리 알려야 합니다.

※ 사용자가 근로자에게 최저임금액 등을 알려주지 않을 경우에는 100만원 이하의 과태료가 부과됩니다.

NO. 07 사용자가 최저임금에 미달하여 임금을 지급한 경우 어떤 처벌을 받나요?

▶ 3년 이하의 징역 또는 2천만원 이하 벌금에 처해지거나, 이 두 가지 벌칙을 같이 받을 수 있습니다.

쉽게 알아보는 "최저임금 계산법"

소정근로시간이 1주 40시간인 근로자가 2019년 2월 월급 1,975,500원을 받는 경우

월급명세서		최저임금에 산입되는 임금		추려낸 임금을 시간당 임금으로 환산
기본급	1,500,000원	기본급	1,500,000원	1,650,000원 ÷ 209시간
직무수당	150,000원	직무수당	150,000원	≒ 7,895원 < 8,350원
식대	50,000원	상여금	0원*	∴ 최저임금 위반
교통비	50,000원	식대·교통비	0원**	
시간외수당	100,500원	계	1,650,000원	
상여금	125,000원			
급여계	**1,975,500원**			

※ 상여금은 기본급의 연 100%
(1,500,000원을 12개월로 나눠서 매월 지급)

*상여금 125,000원중 2019년 월환산액 1,745,150원의 25% 초과금액

**식대·교통비 100,000원중 2019년 월환산액 1,745,150원의 7% 초과금액

163

고용노동부고시 제2019 - 43호

<u>2020년 적용 최저임금 고시</u>

「최저임금법」제10조제1항에 따라 2020년 1월 1일부터 2020년
12월 31일까지 적용되는 최저임금액을 다음과 같이 고시합니다.

2019. 8. 5.

고 용 노 동 부 장 관

1. 최저임금액

업종 결정단위	시 간 급
모 든 산 업	8,590원

◆ **월 환산액 1,795,310원**: 주 소정근로 40시간을 근무할 경우,
월 환산 기준시간 수 209시간(주당 유급주휴 8시간 포함) 기준

2. 최저임금의 사업의 종류별 구분 여부

○ 사업의 종류별 구분 없이 모든 사업장에 동일하게 적용

3. 최저임금 적용 기간: 2020. 1. 1. ~ 2020. 12. 31.

4) 퇴직금 중간정산 신청서

퇴직금 중간정산 신청서

결	담 당	대표자
재		

근 무 지 :
성   명 :
입 사 일 :   년   월   일
정산기간 :   년   월   일 ~   년   월   일
　　　　 [개월간]

　상기 본인은 위 정산기간에 대하여 퇴직금중간정산을 요청하오
니 재가하여주시기 바랍니다.
　또한, 향후 퇴직금 산정을 위한 계속근로년수는   년   월 일자
로 새로이 기산됨을 확인하며, 동 건과 관련한 모든 문제에 대하여
본인이 전적으로 책임질 것을 확인합니다.

1. 퇴직금 중간정산 요청 사유서 1부
2. 요청사유를 증빙할 수 있는 서류 1부

　　　　　　　　　　　　년   월   일

　　　　　　　신청자 :　　　　　　　(인)

　　　　　　ㅇㅇㅇ ㅇ ㅇ ㅇ 귀중

5) 사직서

<table>
<tr><td rowspan="2">소
속
부
서</td><td>담 당</td><td></td><td></td><td rowspan="2">주
무
부
서</td><td>담 당</td><td></td><td></td><td>대표자</td></tr>
<tr><td></td><td></td><td></td><td></td><td></td><td></td><td></td></tr>
</table>

<table>
<tr><td>소　속</td><td></td><td>직급 / 성명</td><td></td></tr>
<tr><td>주민등록번호</td><td></td><td>사　번</td><td></td></tr>
<tr><td>입사일자</td><td></td><td>퇴직일자</td><td></td></tr>
<tr><td>퇴직사유</td><td colspan="3"></td></tr>
</table>

서 약 내 용

1. 본인은 퇴직에 따른 업무인수 인계를 최종 퇴사 시 까지 철저히 하고 맡은 바 업무에 책임과 의무를 다하며 재직 시 업무상 지득한 제반 비밀 사항을 누설 시 귀사의 경영에 막대한 손해와 피해를 준다는 사실을 자각하고 일체 이를 누설 하지 않겠습니다.

2. 만일 본인이 상기 사항을 위반하였을 경우 이유 여하를 막론하고 서약에 의거 민·형사상의 책임을 지며 회사에서 요구하는 손해배상의 의무를 지겠습니다.

상기 본인은 위와 같은 사유로 사직을 요청합니다.

20 　 년 　 　 월 　 　 일

제 출 자 : 　 　 　 　 　 (인)

이 책의 주요 내용은 유튜브 채널
[최대표 TV]에서 다시 확인할 수 있습니다.

직원이
꼭 알아야 하는 30가지
노무 이야기

초판 1쇄 펴냄 2019년 12월 15일

지은이   최종국
펴낸이   최나미
편집   김동욱
표지디자인   이솔이
본문디자인   진아라
경영지원   고민정

펴낸곳   한월북스
출판등록   2017년 7월 13일 제 2017-000007호
주소   서울특별시 강남구 광평로 56길 10, 광인빌딩 4층 (수서동)
전화   070-7643-0012
팩스   0504-324-7100
이메일   hanwallbooks@naver.com
ISBN   979-11-961945-6-7